U0927016

整合

微利时代下企业赢利能力倍增密码

王靖飞 著

中国财富出版社

图书在版编目（CIP）数据

整合：微利时代下企业赢利能力倍增密码 / 王靖飞著．—北京：中国财富出版社，2015.2

ISBN 978 - 7 - 5047 - 5522 - 3

Ⅰ.①整…　Ⅱ.①王…　Ⅲ.①企业管理　Ⅳ.①F270

中国版本图书馆 CIP 数据核字（2014）第 309827 号

策划编辑	范虹轶	**责任印制**	方朋远
责任编辑	苏佳斌　姜莉君	**责任校对**	梁　凡

出版发行　中国财富出版社

社　　址　北京市丰台区南四环西路 188 号 5 区 20 楼　　**邮政编码**　100070

电　　话　010 - 52227568（发行部）　010 - 52227588 转 307（总编室）

　　　　　　010 - 68589540（读者服务部）　010 - 52227588 转 305（质检部）

网　　址　http：//www. cfpress. com. cn

经　　销　新华书店

印　　刷　北京京都六环印刷厂

书　　号　ISBN 978 - 7 - 5047 - 5522 - 3/F · 2294

开　　本　710mm × 1000mm　1/16　　**版　　次**　2015 年 2 月第 1 版

印　　张　12. 5　　**印　　次**　2015 年 2 月第 1 次印刷

字　　数　157 千字　　**定　　价**　35. 00 元

前　言

微利时代是目前约定俗成的一种提法，所说的“微利”是相对于“暴利”而言的。如今，从高利润时代走进微利时代已经是大势所趋，只有降低成本、保证质量、开发新品，才能在微利时代寻得出路，微利时代也是企业摆脱市场“一窝蜂”降价大战的最好时机。

微利时代已经成为众多企业不得不面临的一个现实。如何走出微利的沼泽，有效地把握住商机获得持续赢利，是众多企业都冥思苦想的头等难题。其实，“微利时代”并不是什么特殊的岁月，却是经济生活的本来面目，是行业成熟的表现之一。一个企业或者产业都会经历这样一个基本规律：从高利润阶段，到平均利润阶段，再到微利阶段。在这个规律之下，每个企业都想成功挖掘到未知市场空间的“蓝海”。但事实证明，任何一块“蓝海”出现以后都会在很短的时间里被抹红，变成在已知市场空间竞争激烈的“红海”，“蓝海”也会成为一种短暂的“出奇”现象，微利才是企业真正的“守正”之道。

微利时代的到来是不以我们的意志为转移的，从一定意义上来说，这对企业和行业的发展甚至是一件好事。在微利的鞭策下，企业的管理和创新会借机成为一股热潮。在微利时代，企业只有全面运用整合策略，才能全面地了解本企业的生产经营状况，正确地分析市场经济的形势，科学、精确地给自己定位，研究出切实可行的

解决方案，拟定出通过努力就可以达到的目标；才能通过整合性的操作，一步一步地实现自己的目标，才能循序渐进，稳扎稳打，步步为营，让赢利倍增。

中国市场非常之大，不论是专业品牌，还是跨界生产，目前国内市场品牌已经有数千家。作为微利行业，必将出现整合现象，如战略整合、资源整合、人才整合、运营整合、渠道整合和工具整合等，通过组织和协调，把企业内部彼此相关但却彼此分离的职能、企业外部既参与共同的使命又拥有独立经济利益的合作伙伴整合为一个系统，取得“1 + 1 > 2”的效果。

作　者

2014 年 11 月

目 录

抱团取暖：微利时代下的终极出路

抱团取暖，是人类最原始的本能。这种办法不仅能够驱逐寒冷，还可以驱走心底里的寂寞、无奈与孤独。

先民们这种既可以暖身又可以暖心的抱团取暖方式，对现代很多企业具有启示意义。企业可以通过“抱团”来充分运用和整合市场资源，以互助的形式，齐心协力度过经济严冬。

所谓“企业抱团”，即两家及两家以上企业沟通相互之间的经营理念，组织行业活动，形成行业统一意志，树立行业声誉，提升行业品牌，从而增强行业的市场竞争力。“抱团取暖”是企业在微利时代的终极出路，它能给企业注入竞争与发展的强大活力，创造出新的市场竞争优势，在市场竞争中获胜。

日益冷清的街面实体店

如今，随着互联网的兴起，电子商务已经渗透到了人们的生活中。随着各行业之间的竞争愈演愈烈，电子商务也成了众多商家制胜的法宝。靠着较低的价格和新颖的样式，越来越多的消费者也将目光投向了网购，于是实体店越来越萧条，往日熙熙攘攘的人群在门店中消失了，各条街面也是日益冷清。

1. 家纺实体店客流稀少，生意清淡

在家纺市场中，家纺品牌实体店如今门可罗雀、生意清淡，销售人员三三两两，互相聊天。虽然各个店家争相大打折扣，却依旧冷冷清清。

每当夏末秋初，家纺实体店的折扣力度都不小：有的商家挂出了“夏季最后大促销”的牌子；有的商家海报则称“夏季新品，最低五折起”；有的商家为了吸引消费者，甚至还搞全场清仓活动，店内的很多产品上面都用纸卡和红色签字笔醒目地标明着折扣，基本折扣都在5~7折，个别促销产品的折扣甚至不到4折。

虽然商家的折扣力度不小，可选购商品的消费者却寥寥无几，鲜有购买。很多消费者都曾这样表示："现在网上买床品很便宜啊，我基本都是在网上买。到这里也不过是看一看，比较比较价格。"

有的家纺实体店的店长坦言："现在适婚年轻人是家纺消费的主流群体之一，这个群体是在网络时代成长起来的，越来越趋向于网购，冲淡了实体店消费。有些顾客甚至抄下网上销售的款式货号，到店里来看实物，这让我们'很受伤'。"

2. 文庙书刊交易市场人气冷清

在上海文庙书刊交易市场，常常快到中午了都几乎看不到一个顾客。有些店铺已经关闭，大多数书店老板都在安静地做着整理工作。

文庙书刊交易市场成立于 1993 年，古朴的清末风格建筑被分割成一个个格子间。虽然书市很小，但里面几乎什么样的书都有，从中小学教科书，到历史评论、辞赋杂谈、烹饪厨艺，再到养身之道、人文地理、收藏鉴宝、言情小说等应有尽有。这里是二级批发市场，主要从一级渠道（出版社）拿书，再向实体书店供书，也有部分零售和网络销售。

就批发而言，文庙书刊交易市场经历过最辉煌的时期，可是如今很多下游的民营实体书店开不下去，上游的批发商日子也不好过。文庙书刊交易市场的规模、人气较过往都明显地在走下坡路，不可否认是受电子商务的冲击所致。

现实如此，从二级批发市场到民营实体书店，无一不在承受着网络低价和恶性竞争的冲击，也无一不在顶着高昂房租和经营不善的压力。诚如我国台湾节目主持人、作家、导演蔡康永所言："瘦子有瘦子的宿命，胖子有胖子的宿命。瘦子就算饿到皱起了眉头，也仍然被当成是忧郁；胖子就算忧郁到皱起了眉头，也仍然被当成是饿了。”

3. 家居实体店店面冷清

金海马、红星美凯龙、居然之家、登发装饰城等一些大型家居卖场，各家店在周末常常门可罗雀，顾客寥寥，销售人员百无聊赖。不少品牌虽然打出了“迎接 3 · 15 全场八折”的促销活动，但消费者还是不买账。有些商户索性关门撤店，空旷的卖场显得格外冷清。

2012 年以来，房市调控加码，卖场租金居高不下，板材、五金件、油漆等原材料和人工成本持续上升，家居消费卖场这几年的迅速扩张又加剧了供大于求的局面，种种因素叠加在一起，导致很多家居经销商、生产商的日子不大好过。

一位家居实体店老板说：“目前，20% ~30% 的收入以租金的形式奉献给了卖场，7% 左右的收入给了物流，销售员保底薪水一提再提，家具企业普遍利润也就达到 10% ~20%，行业已步入微利时代。”

另一位家居实体店老板也说：“五一之前原本就是家居业传统的销售淡季，今年的淡季格外淡。”

纷纷倒闭的代工厂

所谓代工厂，就是专门接一些厂的加工单的生产厂，并不打自己的品牌。富士康就是典型的代工厂，它给小米、中兴、苹果做手机、电脑、平板电脑的代加工，不打自己的品牌。代工厂一般都是

按照客户的需要设计、开发产品，或者使用客户提供的方案进行代加工的企业。

在过去几年，随着手机和电脑需求的增加，这些代工厂也曾经繁荣一时，可是当产品日益饱和之后，代工厂的命运也令人担忧。中国代工企业曾经的成本与产业链优势，在全球经济危机的冲击下，开始显现尴尬局面。

1. 阿迪达斯与中国代工厂终止合作

继2008年“倒闭潮”后，很多代工厂都处于“奄奄一息”的状态，随后有《中国证券报》报道，阿迪达斯在关闭中国最后一家工厂后，又将与中国300家代工厂终止合作，这无疑为中国代工企业的前景更加蒙上了一层厚厚的阴影。

其实，陷入困境的绝非阿迪达斯下属代工厂，随着成本上升、订单价格下降，外资品牌的代工厂都面临着不敢接订单的“断粮”危局。受订单主动或被动外流的影响，珠三角地区越来越多的代工厂出现了倒闭风险。

代工厂长期依赖外资品牌的订单，处于产业链的最末端。如今全球经济衰退下行，以外向型为主的行业订单萎缩、产业发展形势下滑，其中尤以利润微薄的代工厂为甚。

其实，在这之前，阿迪达斯关闭中国最后一家工厂时就已经敲响了低成本出口模式的警钟；而其与中国300家代工厂终止合作，更意味着外资品牌在迅速抛弃中国代工厂，新一轮工厂候鸟式的迁徙大潮必将上演。中国将逐渐被东南亚、非洲等低成本地区所取代，失去大量的加工出口机会。

随着经济的持续发展，人口、资源、环境等都发生了重大变化，中国无法延续已有的低廉成本优势，已由“成本洼地”变为“成本高地”，致使部分外企回流至本国。事实上，不仅外资品牌将订单转移，就连国内的部分品牌企业也将目光盯向了海外，比如著名电商凡客诚品就已经逐渐将衬衫、休闲裤等基础品类与海外代工厂合作，可以节省30%左右的成本。

可见，中国代工厂已全面失去成本优势，如果不能成功转型，必然要面临倒闭危机。相比2008年的“倒闭潮”，此次倒闭危机更为严重，主要表现在成本上升、订单价格下降。由于缺乏议价能力，即使有订单也不敢接，只能拱手将机会让出。而外资品牌的可选择余地大幅增多，不会过度依赖中国代工厂，订单大幅转移。

在“倒闭潮”之前的2007年就有代工企业宣布：3年内添加100万件工业机器人。而国际机器人联合会给出的数据是，中国商人2011年购买先进工业机器人的数量跃升了50%。显然，已经有部分企业认识到了未来人工成本的高昂，开始采取用机器替代劳力，降低成本。未来，可能还有更多的代工厂选择转型，如购买工业机器人、提高创新研发能力等，否则无异于自我灭亡。

2. 金顺台玩具厂突然倒闭

几乎没有任何征兆，港资金顺台玩具厂突然倒闭。“金顺台倒闭了，却不肯给工人赔偿金。2013年5月6日，在当地政府部门的压力下，厂方答应给予工人赔偿，但直到今天厂方仍不肯赔付。”金顺台老员工气愤地对《中国企业报》记者表示，“目前我们又得到消息，让我们去劳动部门仲裁，但金顺台资产已转移或变卖，账已做空，即使仲裁胜诉，我们又能得到什么?”

金顺台玩具厂位于深圳市宝安区，属香港金顺台有限公司在

1992年开办的“三来一补”企业，主要生产玩具和圣诞用品，闻名世界的迪士尼是其主要客户之一。

金顺台玩具厂在《企业解散终止劳动关系的公告》中写道：“由于我厂经营管理不善，一直处于亏损状态，为此决定解散并办理注销手续。”

金顺台玩具厂工人一共有200多人，大部分工龄在10年左右，有的长达20年。工厂需要支付工人工资和经济补偿金500万元以上。而工厂在宣布解散前已将重要机器设备搬迁变卖，现固定资产不到80万元。

时光追溯到5年前，随着全球玩具巨头东莞合俊玩具厂的轰然倒闭，此后有关珠三角玩具厂倒闭的消息便不时传来：在合俊厂倒闭前，另一家“全球最大”——每年向欧美市场出口约600万棵圣诞树的全球最大圣诞树生产商深圳宝吉工艺品也关门；2012年，有着17年历史、位于广东虎门镇的玩具巨头冠越玩具厂宣布关门，其曾经的幕后老板为李嘉诚。

代工厂倒闭危机虽然可能会引发一定的社会恐慌，但并不可怕，因为这是经济转型的必然结果，也是生产过剩的无奈淘汰。需要注意的是，随着大批代工厂的倒闭，将有大量工人失业，如何安抚失业工人、解决就业危机，才是最忧心和最迫切的事。

火爆大卖场折射整合力量

所谓大卖场，简单地说就是万种商品，低价销售。大卖场店的经营有别于日用杂货店、便利店、超市（含生鲜超市）、集贸批发市场、百货商场、仓储型商场等，是流通业的另一种零售体系，以量制价、物美价廉。当越来越多的实体店和代工厂纷纷倒闭的时候，大卖场上演了火爆的镜头！

1. 沃尔玛

在美国大型连锁超市行业中，最值得一提的就是沃尔玛，它是美国零售行业发展最快的企业，一直致力于发展零售行业的全球连锁。在中国，沃尔玛的发展十分红火，不仅有着巨大的产业规模和广泛的市场覆盖率，还树立了良好的企业形象，总部在客户的认知度、美誉度上都有很多独立企业不能比及的市场优势。

1962 年，美国零售业的传奇人物山姆·沃尔顿先生在阿肯色州成立了沃尔玛公司。经过 40 多年的发展，沃尔玛公司已经成为美国最大的私人雇主和世界上最大的连锁零售商，多次荣登美国《财富》杂志世界五百强榜首，当选最具价值品牌。

沃尔玛始终坚持“尊重个人、服务顾客、追求卓越”的核心价值观，认真开好每一家店，服务好每一位顾客，履行公司的核心使命——“帮助顾客省钱，让他们生活得更美好”，不断地为顾客、会员和员工创造非凡。

沃尔玛超级市场比一般的超级市场面积略大一些，每家平均约占地 5000 平方米，经营的商品品种齐全，但凡一个家庭所需要的物品在这里都能买到。从服饰、布匹、药品、玩具及各种生活用品、家用电器、珠宝化妆品，到汽车配件、小型游艇等，一应俱全。在沃尔玛，消费者可以体验到“一站式”的购物，沃尔玛追求富有变化和特色，以满足顾客的各种喜好。

另外，沃尔玛为方便顾客还设置了多项特殊的服务类型，如免

费停车，深圳的山姆店营业面积1.2万多平方米，有近400个免费停车位；沃尔玛将糕点房搬进了商场，还设有“山姆休闲廊”，在购物劳顿之余顾客就可以在这里享受所有的风味美食、新鲜糕点；聘请专业人士为顾客提供免费咨询，顾客在购买电脑、照相机、录像机及其相关用品的时候，就可以向他们咨询相关情况，减少盲目购买带来的风险；店内设有阑克施乐文件处理商务中心，可以为顾客提供多项服务，包括彩色文件制作、复印，工程图纸放大缩小，高速文印等；一次购物满2000元或2000元以上，沃尔玛都可以提供送货服务。

一直以来，沃尔玛在中国的经营都坚持本地采购，目前沃尔玛中国已经与近两万家供应商建立了合作关系，销售的产品中本地产品超过了95%；同时，沃尔玛中国还非常注重人才的本土化，鼓励人才多元化，培养和发展了很多女性员工和管理层。目前，沃尔玛中国超过99.9%的员工都是来自中国本土，所有的商场总经理都是由中国本土人才担任，在高级管理团队中女性管理者占比达43%。

2. 家乐福

家乐福成立于1959年，是大卖场业态的首创者，也是欧洲第一大零售商、世界第二大国际化零售连锁集团。现拥有11000多家营运零售单位，业务范围遍及世界30个国家和地区。

家乐福能够成为全球第二大零售企业，其成功模式可以归结如下：

（1）低价战略模式。零售业共同的竞争优势就是低价战略，家乐福也不例外。家乐福的最大特色是通过与生产企业直接交易的方式，实现比竞争企业便宜20%～50%的价格优势。

（2）规模化经营模式。从家乐福的第一家店开始，就是2500平方米的大店，商品品种繁多，集客能力强，同时价格低。

（3）连锁经营模式。家乐福的经营模式就是连锁经营，到1999年家乐福在全球的总店铺数已经达到4441家，实现了规模效应。

（4）选址模式。家乐福投资的国家或地区都是不发达地方，有这样几个共通点：第一，零售业比较薄弱或者落后的国家或地区；第二，政府对大型零售业没有限制；第三，当地没有大型连锁超市；第四，地价相对便宜，能够得到充分的空间；第五，当地没有家电或者服装等专卖店。

（5）开店战略模式。家乐福的口号是郊区包围市中心，一般店址都选择在离市中心20千米，1小时车程范围内，一方面可以有效防止顾客流入市中心，另一方面可以从市中心争夺一部分顾客。

3. 乐购

乐购是全球三大零售企业之一，自2004年进入中国市场以来，截至2013年2月初，在中国已经拥有115家乐购大卖场、1家乐购天地超级大卖场、8家乐都汇购物中心以及14家试验阶段的便捷店，会员总数超过700万。2010年、2011年，乐购连续两年获得由中国外商投资企业协会、中国慈善总会和《中国企业报》颁发的“中国社会责任优秀企业奖”。2011年、2012年，乐购连续两年荣登由第一财经联合艺康集团与中国食品科学技术学会举办的“中国食品健康七星奖——信赖100品牌榜单”。

乐购的核心经营模式很简单：通过购买、配送以及向顾客出售产品和服务，并借助数据分析使每次的工作都能较前一次更上一层楼。

在物流配送上，乐购积极优化供应链，选择集中配送，而不是由各个供应商送达至各个门店，因为统一配送更有效率：集中所有供应商的货品，然后根据门店所需一卡车将货品送至门店。如此操作，将能更好地把控质量，并大大减少运输次数，从而减少运输所产生的碳排放量。时至今日，乐购在中国已有 6 家配送中心。

在农超对接上，乐购从 2007 年开始在中国进行产地直采，目前已经与多家企业签订了“农超对接”协议，商品种类涵盖水果、叶菜、肉类、水产。在乐购的门店，有 80% 的农产品来自农超对接，旨在为顾客提供更好品质、更优价格的商品。目前乐购拥有超过 123 家直采基地，覆盖全国 40 座城市，共有 1400 多种直采品项。

在跨国采购上，乐购在 7 个国家设有采购中心，这使得乐购能够以最低的成本为全球各地的顾客提供价廉物美的商品。此外，乐购通过与当地供应商的合作，与他们共同分享乐购的相关行业经验和技术。中国是一个能为乐购在世界各地的店铺提供价廉物美产品的主要的采购地。乐购已经在中国进行了大量的采购投资。每年，乐购从中国采购价值约 30 亿美元的日用消费产品和食品，在全球其他市场进行销售。随着乐购业务的持续增长，乐购这一数字得到增加。

在自有产品上，乐购是推出自有品牌的第一位先行者。在英国，乐购拥有 TescoValue、TescoStandard 和 TescoFinest 等一系列自有品牌。令乐购感到自豪的是其对于顾客的专注，以及其根据顾客的需求变化而不断调整商品和销售方式。在中国，已有超过 2000 种自有品牌商品陆续登陆门店，在丰富消费者购物选择的同时，也为他们带来了更好的性价比。

在电子商务上，2013 年 7 月开始，乐购正式进军中国的电商领域。乐购电子商务推出了包括蔬果生鲜在内的上万种食品和日常生活用品。

从上述情况来看，大卖场的销售情景，呈现出了一种爆破的势头。不管是家乐福，还是乐购，抑或是沃尔玛，都是为应对激烈的市场竞争而策划产生的一种新营销智慧模式。该模式突破了传统销售模式，重新定位市场、研究消费心理，有效整合了厂商资源、聚焦客户，实施精准社区营销，使商场活动客流量、销售额、知名度实现了颠覆性、爆破式的提升与增长。大卖场所有的商场都取得了轰动性成功！

如今，“资源整合”早已不是一个新名词、新话题，大卖场的成功首先就来自各种资源的有效整合，如果不能将各批发商、零售商、顾客等资源有效整合，也就不会有大卖场的出现。如果没有将进货方式、销售方式、服务方式进行有效的整合，大卖场也不会出现如今的鼎盛。把资源整合付诸实践，是对消费者终端资源的整合。这种方式将厂家、卖场、经销商三方资源巧妙地结合在了一起，把真正健康、环保、绿色的产品集中展示在消费者面前，极大促动了消费者购买信心。

万达广场的整合消费

万达商业地产股份有限公司是全球商业地产行业的龙头企业，已在全国开业 104 座万达广场，持有物业面积规模位列全球第二。

万达广场是企业效益和社会效益的和谐统一，产生了四大社会效益：提升城市商业档次；新增大量就业岗位；创造持续巨额税收；丰富群众消费需求。

2001 年，第一代万达广场横空出世。第一代万达，通俗地说就是一个“商业大盒子”，单层面积 5000 ~ 1 万平方米不等，一般为地上 4 层，总规模 3 万 ~ 5 万平方米不等，一楼分割销售，二三楼标配为沃尔玛超市，四楼标配为万达影院加上大玩家电玩，再加上部分餐饮。通过与沃尔玛的战略合作，利用超市大卖场的聚客力带动人流，促进一楼商铺的销售回款。四楼的餐饮及娱乐也可以有效地带动目的性消费人群。万达借此开创了订单式商业地产的先河。

2004 年，第二代万达广场出现。商业组合店产品，规模较第一代扩大了 2 ~ 3 倍，增加了百货、影院、电玩、餐饮等多种业态和品牌店，是第一代万达的简单升级，从原来的“主力店驱动型的单体商业”进化为“主力店驱动型的多个单体商业”。

第三代万达广场，是万达独创的商业地产模式，将国外室内步行街与中国商业大楼结合在一起，打造了一个巨大的城市综合体。

关于第四代万达广场，目前有两种说法：一种说法是第四代万达是“万达城”，比第三代规模更大、投资更多，增加了旅游文化等主题，尚在规划中。另一种说法是，武汉的中央文化区是第四代万达的先行者，其各项指标和规划都符合“万达城”的概念。其实，这个项目不管是不是属于第四代万达广场，绝对是史上无法复制的万达产品。

以“万达广场”命名的城市综合体是目前国内外领先的商业地产产品，具有显著的社会经济效益：为商贸、文化、娱乐、体育、餐饮等第三产业提供广阔的发展平台，有效地带动了所在城市的产业结构调整；全方位满足和创造新的消费需求，有效地拉动和刺激了消费；打造新的城市中心，完善城市区域功能，促进了城市的均衡发展；创造了大量的就业岗位；汇聚了众多国内外知名企业，实现了商业持续繁荣，创造了持续巨额税源。

万达广场在市场竞争中，逐渐形成了独有的核心竞争优势，主要体现在完整的产业链、突出的资源获取能力、独特的“订单地产”模式、成熟的赢利模式、高效的管控及执行能力、优秀的企业文化和卓越的品牌影响力等。不可否认，万达生活广场的成功就是资源整合的结果！

“买房跟着万达走！”如今这句话已经成了业内的一句流行语。万达的成功，让很多人艳羡不已，感叹没有同万达一样的眼光，错过了当时的大好时机。那么，现在就让我们通过两个实例，来看看万达广场是如何有效地将资源整合到一起的吧！

1. 江桥万达广场的整合营销

江桥万达广场，是“万达系”在上海开发的第三个项目。江桥万达整合了城市公寓、购物中心、家居办公、餐饮酒吧街等多重物业形态，形成了住在万达、购在万达、吃在万达、工作在万达的多重场景，实现了现代人从繁华享受到私密生活的完美切换。

现在让我们来想象一个情景：

如果一对情侣想买钻戒，进入广场时，一抬眼就可以看到巨大的屏幕，在这个被称为是万达广场的“黄金眼”的屏幕中，这对情侣的吸引力就会被一则钻戒的精美广告片所吸引；

当这对情侣继续向广场走时，布置精致的中庭展示区里正

在进行此品牌钻戒的现场展示和试戴，他们兴致勃勃地试了几款，有些动心；

之后，他们一头钻进影院，享受今天的娱乐大餐，在映前广告里，又可以看到这款钻戒的形象广告片，在震撼的超大画面视觉呈现下钻石显得更加诱人；

电影散场后，两个人临时决定继续去KTV狂欢，在情侣包房的点播器上又可以看到钻戒的打折信息。

第二天，这对情侣就会直奔商场，买下他们心仪的钻戒，作为礼物互赠对方。

这不是设想，而是完全可以实现的整合营销！这种基于城市综合体的“整合式营销”之所以没有大规模实现，主要是因为过去的多种业态都是由不同的团队负责的，需要一家家去谈，不仅效率低，而且还要投入巨大的时间和资金成本。

据了解，目前只有万达广场等极少数的城市综合体，形成了聚合多种媒介资源并统一管理配置的新模式。万达广场目前集合了几大最有市场前景的广告业态，包括被称为户外广告“金矿”的屏幕、广场中庭、映前广告、阵地展示、大歌星KTV等；通过整合营销，消费者可以在一个连贯的消费环境内以不同形式多频次地接触到品牌信息，最终决定其购物选择。

2. 芝华士在万达广场的整合营销

2012年6月，芝华士在万达广场完成了一次精彩的整合营销。为了纪念芝华士25周年，商家邀请著名导演兼编剧王家卫拍摄了一部暗含品牌25年传奇经历的微电影。芝华士在万达广场屏幕播放微电影预告片，在广场中庭摆放了芝华士发展历史主体展板，在展板中镶嵌的液晶电视里循环播放着整部微电影的台前幕后花絮。

与此同时，在万达影院的映前广告中投放了微电影的正片。整个影片分为上、下两部，很多影迷在观看上部曲正片时都在询问这是哪一部电影，吊足了观众胃口。而此时的芝华士系列产品正在大歌星 KTV 的量贩超市举行多种促销活动，产品销售直线上升。

芝华士与万达广场联手整合营销期间，还启动了全方位的网络媒体营销，进行线上线下互动。此次合作广告主立体深入合作，其他广告形式做有机配合，使得整个营销内容更为丰满，最终形成了话题感，并由此上升为一次成功的事件营销。

此外，诸多汽车品牌、快消品也都在万达广场的大平台上成功试水。比如，光明在投放映前广告的同时，配合了阵地活动，即每隔一个月或一个季度，在指定区域内轮动一圈，做赠饮活动。

随着人们生活方式的变迁，广告业的生态正在不断被改写。万达广场就是这样一个代表。在过去一些老的购物广场，多是以百货大楼为主的单一业态，即使是在购物场所内部，也没有建造和规划中庭，没有共享空间。万达广场以“城市综合体”的模式改变了无数人的生活方式。

“城市综合体”是万达独创的商业地产模式，内容包括大型商业中心、城市步行街、五星级酒店、写字楼、公寓等，集购物、餐饮、文化、娱乐等多种功能于一体，形成独立的大型商圈。因此，也有了“万达广场在哪里，城市中心就在哪里”的说法。

像万达广场这样的综合体，除了人流量提供了相当大的受众基

数之外，更大的优势在于这些人都是经过过滤的精准受众，他们的消费特征很容易跟踪把握。身处其中的多媒介世界与受众的时尚生活互相影响、共存共长，催生广告业的新未来。

小米公司的整合营销策略

2013年1月初，打开小米公司的官方网站，鲜明亮丽的大红色字体显示着几个大字："致712万小米手机用户的新年礼物。"其实，小米科技能够短时间内风靡全国，重点就在于产品特质和合适的整合营销策略。

小米公司正式成立于2010年4月，是一家专注于高端智能手机自主研发的移动互联网公司。小米手机、MIUI（米柚）、米聊是小米公司旗下三大核心业务。"为发烧而生"是小米的产品理念。

下面，我们就对小米手机国内整合营销策略进行简要论述：

小米手机的营销分为3大块：前期饥饿营销、推广渠道和上市合作渠道。

前期饥饿营销包括3个部分，即上市前的预热、限量订购和限渠道订购。"小米2"上市前，网上除了流传各种猜想，还不断更新最新泄露图，可谓是"犹抱琵琶半遮面"，消息若隐若现，勾起了发烧友们的兴趣；限量订购的方式是，能购买的手机的途径只有先在官网进行预定，定期限量订购；限渠道订购的方式是，手机进行线上销售，并无实体店销售模式，而且还推出了F码订购模式，提前得到F码就可以直接进行订购，不需进行拼网速的疯狂抢购。

推广渠道包括4个部分，即微博宣传、数码专业网站、产品发布会和不断地制造话题。微博宣传的推广方式是贴吧、论坛造势，小米产品推出前期，在新浪微博、百度贴吧和手机专业论坛制造话题，扩大产品知名度，引起网友讨论，借助雷军在业内的影响力，借助对苹果手机的崇拜和挑战，让网友在讨论的过程中对小米物美价廉的渴望达到顶峰；数码专业网站的推广方式是，打造专属的小米网站，及时更新消息，并创建小米论坛，供新老用户体验和分享经验；产品发布会的推广方式是，采用苹果发布会的形式，进行高调的产品发布，造成声势；不断地制造话题的推广方式是，进行用户体验分享、微博手机赠送和与苹果的产品比较等一系列形式的推广。

上市合作渠道包括两个部分，即网络订购和运营商定制。网络订购的方式是，小米上市后，并没有急于全面地铺开销售，而是先在单一渠道进行限量销售，采取线上销售的模式，在规定的时间、规定的网站进行预约抢购；运营商定制的方式是，在影响力达到一定的高峰时，全面生产，和移动、联通、电信三大运营商合作定制手机。

其实，归根结底，小米手机还是符合营销的4C理论的，即Customer（顾客）、Cost（成本）、Convention（便利）和Communication（沟通）。

在Customer（顾客）方面，小米手机明确细分市场，确定手机"发烧友"目标群。小米手机主要针对18～35岁的用户。人们听到"发烧友"总会感觉到自我满足，机制产品思想正是对用户极端尊重的表现，从而得到的回报就是忠实的粉丝。尊重受众，使得他们积

极地承担了传播、测试甚至开发等各种工作，极致是口碑的基础。

在 Cost（成本）方面，小米手机采用高端配置、低端价钱，以完美的性价比，令消费者欲罢不能。人们在体验产品功能的同时，最重要的影响购买因素还是价格，小米手机的定价准确。虽然确定了一个高端客户的市场定位，高性能、高品质、第一民族品牌，但却设定了一个大众消费的价格水平，1999 元的价格极大地满足了大部分普通消费者的手机功能需求和中国人的面子需求。

在 Convention（便利）方面，小米手机通过 B2C 电子商务，专注网络直销。这种方式为小米公司节约了销售成本，为消费者节省了购买资金，最大限度地为消费者提供了便利。同时，采用网络直销、在线支付、凡客承担仓储及物流等方法，充分考虑了消费者的易接近性，足不出户就能收到手机。配件齐全，满足了用户的时尚心理，方便购买。

在 Communication（沟通）方面，小米手机遵循 3 项法则来实现有效沟通。

（1）遵循观念法则。具体来说，就是“米聊”先行，大力宣传此项应用服务，首先进入核心用户群心中。虽然不能说玩米聊的就会买小米手机，但米聊的推广与后来“玩米聊抢小米手机”、米聊用户邀请好友安装并登陆米聊即有机会免费获得 1699 元小米工程纪念版手机和抢先购买名额等优惠活动，无疑是前后呼应，对于当时小米手机“一机难求”的火热，具有极大的吸引力，这就为小米手机做了很好的铺垫。

（2）遵循领先法则，高调发布。雷军凭借其自身的名声号召力，自称是乔布斯的超级粉丝，每年 8 月 16 日都会在北京 798 召开一场酷似苹果的小米手机发布会。如此发布国产手机的企业，小米是第一个。高调宣传发布会，取得了众媒体和手机发烧友的关注。

（3）通过成功的微博、社区和论坛宣传，进行微博营销。网络方式使得小米接触消费者并锁定消费者，忠实的粉丝积极地承担了传播、测试，甚至开发等各种工作，让小米拥有了5000万无薪“员工”。

由此可见，小米并不是在做销售，而是在做整合。所谓整合营销传播，就是指将与企业进行市场营销有关的所有传播活动都整合到一起，就是把一些零散的事物通过某种方式而彼此衔接，实现信息系统的资源共享和协同工作；就是把不同的事物相互渗透，让他们通过结合发挥出最大的价值。

通过整合营销传播，一方面可以把广告、促销、公关、直销、新闻媒体等一切传播活动都涵盖到营销活动的范围之内；另一方面则可以使企业将统一的传播资讯传达给消费者，不仅能够全方位地宣传企业或产品，更利于商品的销售。

不可否认，资源的合理配置正是整合营销达到的效果。如今，社会科技网络如此发达，越来越多的产品会进行网上的宣传和销售，整合营销也定然会形成一种完善的网上网下联动机制。企业只有不断创新，把合理的营销手段进行有效的整合，做到资源的合理配置，才能在社会竞争中占据有利地位。

合赢天下：分者伤衰，合者利兴

一盆沙土和一缸水挨在一起，它们之间时而发生争吵。水说：“我们水是生命的摇篮，你离我远一点，别影响了我的清澈。”沙土说：“我们沙土也是生命环境中不可缺少的元素，你也别跟我搅在一起。”于是，水尽量排斥水中的沙土，沙土也尽力排挤沙土中的水。

不久之后，一个园丁来到它们跟前，将一颗种子埋在了沙土里，然后将水缸中的水不时地浇在沙土上。没过多久，沙土里的种子生根发芽了，长成了一株花，枝繁叶茂，结满了花蕾。当一朵朵美丽的鲜花绽放的时候，招来了很多舞动的蜜蜂，蝴蝶也来翩翩起舞，观赏者发出了一声声的赞叹，孩子们的欢笑声也一阵阵传来。

花儿感叹着说：“啊！我们这个世界是多么美好和谐啊！”这时，沙土和水都突然醒悟过来。水说：“原来，和谐更需要互相包容啊！”沙土说：“原来，和谐是需要培育的。”园丁高兴地说：“千真万确！这就是哲人所说的‘和生万物’！”

这则寓言告诉我们：分者伤衰，合者利兴。

借天下智慧，赢天下财富

经营公司就是经营资源，资源整合能力的大小决定着公司的成败与大小。这是公司成功的秘密。

很久以前，在委内瑞拉有个工程师名叫图德拉，他不仅没有良好的人际关系，也没有资金，但他非常想做石油生意，而且居然成功了，他是怎样做到的呢？

在当时，图德拉发现，阿根廷牛肉生产过剩，但石油制品比较紧缺，他就来到阿根廷，同有关贸易公司洽谈业务。图德拉说："我愿意购买2000万美元的牛肉，但条件是，你们得向我购进2000万美元的丁烷。"图德拉知道阿根廷正需要2000万美元的丁烷，投其所好，买卖顺利地确定了下来。

接着，图德拉又来到西班牙，对一个造船厂说："我打算向贵厂订购一艘2000万美元的超级油轮。"造船厂正为没有人订货而发愁，当然非常欢迎。可是，图德拉话头又一转："条件是，你们得购买我2000万美元的阿根廷牛肉。"牛肉是

西班牙居民的日常消费品，而且阿根廷还是世界各地牛肉的主要供应基地，造船厂当然乐意了，于是双方很快就签订了买卖意向书。

之后，图德拉又来到了中东，他找到一家石油公司说：“我愿购买2000万美元的丁烷。”石油公司看到这样一大笔生意，当然非常愿意。可是，图德拉又说：“但你们的石油必须包租我在西班牙建造的超级油轮运输。”在产地，石油价格是比较低廉的，贵就贵在运输费上，难也就难在找不到运输工具，所以石油公司也满口答应，彼此又签订了一份意向书。

由于图德拉的周旋，阿根廷、西班牙和中东国家都取得了自己需要的东西，又出售了自己亟待销售的产品，图德拉也从中获取了巨额利润。其实，仔细算起来，这项利润实质上是以运输费顶替了油轮的造价，3笔生意全部完成后，这艘油轮就归他所有了。有了油轮，图德拉大做石油生意，终于梦想成真。

这个故事给我们很多启迪。所谓生意的成功、财富的积累，并不是只顾实行自己的构想，而是巧妙地运用他人的资源来创造自己的一番事业和财富。图德拉虽然没掏一分钱，但却拥有了一艘油轮。之所以会出现这样的结果，主要是因为他深谙“整合”的奥妙，善于“借鸡生蛋”，靠自己的资源整合能力，走上了致富之路。

在我们身边，大多数富人都是白手起家的，世界上许多巨大财富的起始都是建立在整合之上的。富人之所以能够成功，是因为他们深谙“借力使力不费力”的技巧。事实证明，聪明的赚钱者通常都能充分了解并利用整合的力量。

未来企业的资源除了人、财、物以外，还包括知识、时间、关系网络、智慧组合、公共关系等无形要素。企业如果不具备把资源整合在一起的能力，就会失去竞争的优势和先机。在竞争日益激烈的情况下，如今的对手已经越来越难应付，能否调动所有可以调动的力量和资源是考验管理者整体素质的关键所在。

阿里巴巴的马云，在创业之前，只有几个人共同出资的 50 万元，通过引入风投、上市、与雅虎的并购，撬起了一个几百亿美金的大盘。

蒙牛创业之初，牛根生的前期投入也才 100 万元，通过增资扩股、租赁、供应商信贷、风投、上市等资源整合手段，结果跑出了火箭的速度。

阿基米德曾经说过："给我一个支点，我将撬起整个地球。"资源整合就像个跷跷板，可以四两拨千斤。通过资源的整合，可以快速壮大自己，用小的投入运作一个大盘子。

借力经营和自力更生，在本质上是完全一样的，两者都是要争取以尽可能快的速度来发展企业，都可以收到增强实力、大长志气的乐观效果。只不过两者的表现形式却完全不同，比如在对外、对内的各种关系的处理上。借力整合，可以把自有的资源利益最大化。整合就是借力，善用彼此资源，创造共同利益。因此，资源整合的关键是不为我有，借为我用。

在当今的市场经济时代，靠单枪匹马独闯天下是难以成功的，"借力生财""借势经营"才是企业迈向成功的捷径。潘石屹经营的 SOHO 中国，堪称借力整合的成功典范。

一个仅有 200 多人的房地产开发企业，一年却创造了数百

亿元的销售收入，是全国平均水平的150倍，人均利润是全国平均水平的25倍。这主要得益于潘石屹从一开始就注意培育以灵活的资源整合为主导的特有经营模式。

潘石屹认为，他理想中的公司是“无债务、无土地储备、无固定资产”的“三无”公司，他希望自己的公司像液体或气体一样，可以随需而变。他认为，房地产公司最适合做“气态”公司，找世界上最好的设计师、最廉价踏实的建设者、最适合的原材料，加工成某一人群的房子，再找最好的推广公司，赚取最大的利润。

“借船出海”“借梯上楼”“借鸡下蛋”“借壳上市”等词汇，是多年来国内许多企业成功整合资源经验的形象比喻。评判一个企业的实力，不在于其拥有或占有多少资源，而在于企业是否拥有文化软实力，即能随时随地随需按照自己的理念借力整合。

借力经营注重对资源的利用，是一种超常规的经营战略，它追求的是尽量弱化实体组织结构形式，最大限度地利用外部资源，达到全方位“借力造势”的目的。从这个角度来看，尽管企业没有太多资金购买资源，但却能使用其所需。因此，借力经营对中小企业的发展有杠杆作用。

企业要善于借用资源经营，借资金、借技术、借人才，将可以为自己所用的东西都“整合”来。你所缺的，这个世界都有。只要学会资源整合，你的就是我的，我的就是你的。你的+我的=我们的，而“我们的”力量最强大！

可口可乐：渠道整合战略

在产品、价格、营销模式日益同质化的今天，渠道资源战略重要性的凸显预示着“渠道为王”时代的到来。如何巩固好自己的渠道资源成为厂商的战略重点，于是乎，越来越多的厂家开始整合渠道资源，与渠道成员结成利益共同体。在这方面，可口可乐就是一个典型的例子。

如今，可口可乐已经成为我国最著名的商标之一，是我国市场最畅销的饮料品牌。可口可乐公司每年还会在国内采购价值超过60亿元的原材料，并且每年上缴税款达16亿元。其之所以能够取得如此大的成绩，其中一个重要的原因就是进行了有效的渠道整合，构建了利益共同体。

1. 可口可乐营销渠道的发展过程

可口可乐的营销渠道在我国发展一共历经了3个阶段，如下表所示：

可口可乐的发展阶段与特点

阶　段	特　点
初期开发阶段	20世纪90年代初期，我国还处于改革开放的初级阶段，市场化程度很低，可口可乐此时在我国也处于市场开发的初级阶段，只开发了我国的中间商渠道。但与多数企业不同，可口可乐非常重视中间商客户数量的开发和经销体系的管理与服务

续 表

阶 段	特 点
中期发展阶段	20 世纪 90 年代中期，我国的市场化程度获得了极大的发展，中间商渠道和零售渠道都发生了一定程度的变化。此时，可口可乐已经初步具备了全面开发我国市场的条件，这一时期也是可口可乐装瓶厂数量增长最快的时期。可口可乐开始重视对终端零售客户的直接服务，并建立了专业的服务团队——可口可乐直销部门
深化阶段	20 世纪 90 年代末期以来，可口可乐基本完成了全国的市场布局，建立的批发渠道和直销渠道为其全面发展打下了良好的基础；同时，可口可乐在研究和细分我国零售市场的基础上，开发了针对我国国情特点的客户服务系统

可口可乐在其发展过程中，通过对渠道资源的整合，构建利益共同体，实现了良性发展。

2. 可口可乐的基础渠道模式分析

可口可乐的基础渠道包括 3 个部分，即批发渠道、零售渠道和现代渠道。

对可口可乐的批发渠道模式的分析，主要着重两点：

（1）可口可乐批发渠道与管理。可口可乐的批发渠道，是指通过传统的批发环节进行的销售渠道，包括一级批发渠道、二级批发渠道和三级批发渠道等。

（2）可口可乐批发渠道模式的价值分析。批发渠道是我国消费品最早依靠的主渠道，现在依然在各种类型的渠道结构中发挥着较显著的作用，并不断向其他渠道形式演进。可口可乐一直在充分发挥批发渠道强大的流通和辐射功能，为可口可乐“买得到”策略的实现立下了汗马功劳。

可口可乐在利用批发渠道价值方面有别于其他生产企业，主要体现在两个方面：一方面，可口可乐注重帮助批发商梳理下游渠道，避免出现其他生产企业常常出现的渠道不畅和串货等不良现象；另一方面，可口可乐从未忽视过批发市场的生动化工作，并把对此项工作的考核制度化。这样，可口可乐也树立了良好的品牌形象。

对可口可乐的零售渠道模式分析，主要体现在两个方面：

（1）可口可乐零售渠道与管理。可口可乐的零售渠道，是指由直销部门通过预售制进行销售和服务的渠道。预售制就是一种由业务代表定期、按区域、按路线拜访零售客户，先订货后送货的销售方法。

（2）可口可乐零售渠道模式的价值分析。可口可乐有序地建立销售渠道，使可口可乐系列产品在零售渠道里随处可见。通过零售点执行，落实可口可乐的“买得起”和“乐得买”策略。

可口可乐的零售渠道又包括餐馆、交通、百货店、食品店、快餐、酒店娱乐、食杂店、学校、街道摊贩、旅游、窗口店、网吧等子渠道。零售渠道管理反映的往往是一个企业的市场掌控能力，而在可口可乐系统更主要体现的是企业的个性服务能力和统筹能力。

对可口可乐的现代渠道模式分析，通过两方面来说明：

（1）可口可乐的现代渠道与管理。可口可乐的现代渠道，又叫KA 渠道（即 key account），指销售可口可乐的大卖场、连锁超市和连锁便利超市等。之所以称为“现代渠道”，是因为这些渠道都是最近几年才兴起的，不同于传统的零售业态模式。

（2）可口可乐现代渠道模式的价值分析。可口可乐现代渠道的销售管理既像零售渠道那样进货频繁，又像批发渠道那样销量巨大，因此现代渠道既承担着“走量”的任务，又具有树立市场形象的重

要作用。在KA系统，生动化要求已经占据了公司平衡渠道体系的主要因素，这也是可口可乐公司以消费者为中心、提供个性化服务的具体体现。

3. 可口可乐渠道战略联盟的价值分析

可口可乐基于价值管理的渠道模式创新，主要体现在3个方面：直销系统成功模式、渠道模式创新和CSS模式的价值管理。

直销系统成功模式，是可口可乐从国外移植过来的，是我国快速消费品中最完善的销售服务系统，并且已经在我国的大城市取得了成功，使可口可乐的渠道价值得到了完美的体现。

渠道模式是价值创造和传递的载体，价值是本，渠道是体，如果可口可乐直销模式遇到了高成本问题，并不是可口可乐成功图像的基本价值因子的问题，定然是渠道模式的问题。渠道不仅传递价值，而且创造价值。简化了渠道，就等于放弃了渠道创造价值的机会，把所有的创造工作都放在可口可乐的篮子里，必然会加大渠道的运作成本。可口可乐经过对我国区域文化和市场的研究和把握，把渠道模式看作是价值创造和传递的载体，根据经销商管理和直销管理的经验，创造出了适合我国国情的CSS渠道模式。

CSS系统把实现成功图像的渠道基本的价值因子进行分解，然后把客户发展及生动化责任划给了装瓶厂完成，依靠渠道合作伙伴做好订单及送货来服务售点。二者在实现价值因子的过程中都按照成功图像的要求进行必需的价值创造和价值传递活动，不仅使可口可乐的消费者市场策略得到了有效的执行，还实现了可口可乐和渠道合作伙伴的“双赢”目的。

对可口可乐渠道战略联盟的价值分析，主要体现在4个方面：

（1）渠道联盟。渠道联盟让可口可乐省去了营业所的建设和运营费用，充分利用了合作经销商这种社会资本来开展渠道工作；把原先营业所的部分职能交给合作经销商，有效降低了营销费用，提高了公司利润。合作经销商与可口可乐合作，不仅有利于开展可口可乐的分销工作，还能够获得巨大的无形资产。有了经营可口可乐的成功经验，也就为经销商获得其他生产企业产品的代理权提供了讨价还价的能力。

（2）职责分工与协调。联盟中的各方可以根据自己的情况，在各自承担的工作环节上进行经营活动，取得自己的利益。可口可乐把对消费者服务作为一切营销活动的出发点，把市场推广和售点执行职能划分在自己的职责范围内，把销售和送货服务职责划分给合作经销商。可口可乐把握了市场，也就掌握了品牌的未来；经销商把握了销售，也就掌握了生意的未来。这样即使将来双方终结了联盟关系，可口可乐依然掌握着市场，经销商依然掌握着销售网络。

（3）信息和知识共享。可口可乐和合作经销商既相互分工协作，又相对保持经营上的独立性。作为不同利益主体，可口可乐很好地把握及促进了信息和知识的共享。

在市场信息方面，可口可乐通过专业的市场调查，掌握着第一手的市场资料，与合作经销商进行市场共享；合作经销商把对市场多年的理解转化为提供给可口可乐的合理化市场推广建议。

在经营管理方面，经销商在人、财、物等方面都得到了可口可乐专业的指导和支持，可口可乐还把合作经销商队伍纳入自己的培训体系，这样合作经销商等于免费得到了全面经营管理的咨询培训服务，这对广大的经销商队伍来说是巨大的收获。可口可乐掌握了

具体的第一手资料，能准确地对经销商的贡献价值予以判断并给予积极回馈，带动经销商的积极性。而且，对市场容量的准确把握也让他们省去了很多不必要的争执，双方都可以把精力放在共同拓展市场上。

（4）合理回报。可口可乐经过对经销商在价值创造和传递方面的贡献进行准确评估和考量，其结论是：公司可以通过对合作经销商进行合理的补偿，来达到对其长期有针对性的激励；即使是在松散的联盟合作下，也能实现合作的稳定性，促进双方获得长远利益，使得双方在合作范围内对系统利润进行充分分享。

支付宝：当金融与网络整合

支付宝是全球领先的第三方支付平台，成立于 2004 年 12 月，致力于为用户提供“简单、安全、快速”的支付解决方案。旗下有“支付宝”与“支付宝钱包”两个独立品牌。自 2014 年第二季度开始成为当前全球最大的移动支付厂商。

支付宝的发展历程是一部简短未完的中国第三方支付产业历史的缩影，它代表了第三方支付公司在支付价值链条中应有角色的认知：只有找到了合适的场景，才能触达并最终赢得客户。

数据显示，2009 年中国第三方支付市场交易规模已经高达上千亿元。但相对于上千万亿元规模的整体支付“蛋糕”，这只不过是“冰山一角”。从国外支付产业的经验来看，在支付市场的发展中，接下来会出现更多的细分市场。支付宝目前可能只是涉足支付中的某一环节。

作为一个支付平台，支付宝的定位是一个资金流通的通道，其本身的工具性不会偏向任何收款方。支付宝能够整合众多的银行资源，然后逐一嫁接到支付宝的平台上，为商户提供统一的支付流通管道，大大节约商户的接入和运维成本。

比如，航空电子客票。航空业的信息化发展推动了其本身的电子支付需求，由于国内在航空公司和票务代理之间存在好几层复杂的分销关系，同一张票，来自不同地区、不同票代，费率不同，票代之间还存在着互换平台。另外，由于不同代理商的开户银行也千差万别，航空公司也无法让系统一一匹配所有的网上银行系统。而支付宝却凭借着在终端的客户规模，成为票务代理与旅客之间的支付通道。随后，支付宝将业务向上游延伸，促成了支付宝在航空业的全产业链覆盖。

如今，随着支付宝的业务触角不断地延伸到更多的领域中，支付宝已经跳出了对“网上购物”应用场景的依赖，更多地体现了作为“支付渠道”提供者以及构建整合支付平台的战略转变，几乎所有的支付服务都可以使用支付宝，且从购物到水电燃气缴费，正有部分取代现金的趋势。

（1）信用卡还款。2009 年 1 月 15 日支付宝推出信用卡还款服务，国内 39 家银行发行的信用卡均支持，是最受欢迎的第三方还款平台。主要优势体现在免费查信用卡账单、免费还款，以及自动还款、还款提醒等增值服务。

（2）支付宝转账。通过支付宝转账分为两种：一种是转账到支付宝账号，资金即时到达对方支付宝账户；另一种是转账到银行卡，用户可以转账到自己或他人的银行卡，支持百余家银行，最快2小时内到账。

（3）缴费服务。从2008年年底开始，支付宝推进公共事业缴费服务，已经覆盖了全国300多个城市，支持1200多个合作机构。除了水电煤等基础生活缴费外，其还扩展到交通罚款、物业费、有线电视费等更多与老百姓生活息息相关的缴费领域。

（4）钱包服务窗。在支付宝钱包的“服务”中添加相关服务账号，就能在钱包内获得更多服务，包括银行服务、缴费服务、保险理财、手机通信服务、交通旅行、零售百货、医疗健康、休闲娱乐、美食吃喝等。服务窗具有天然的支付基因、超亿的支付用户群体，以及严格审核的商户服务，可以产生更大的生态价值。服务窗推荐项目有：挂号网，即在线预约挂号服务；中信银行，进行实时消费提醒、账单查询、积分兑换、余额查询、还款等；中国电信，进行余额宝“0元购机”享收益服务，目前广东地区可享受该服务；支付宝公众服务12306，可以在线查询火车票信息；万达电影，可以在线购票、选座；交通违章代办，可以轻松搞定异地交通违章罚款。

（5）线下服务。用户装上支付宝钱包，就可以在商场享受电子支付带来的好处。自2013年11月起，全国29家银泰百货、银泰城门店都可以使用支付宝钱包付款；12月开始，美宜佳、红旗连锁、喜士多（C－STORE）、7－11等多家连锁便利店企业陆续全面支持支付宝支付；同时，北京出租车司机开始接受支付宝支付打车费。随后，万达影院、大悦城、王府井等全国大型零售企业以及电影院、KTV和餐饮企业等接入支付宝。

“我是江小白”：当白酒遇到时尚

“我是江小白”成立于2011年，其系列产品的面世，给中国酒业增添了一股时尚清新的感觉，迅速在年轻消费群体中获得了高度认同，被评为“2012中国酒业风云榜年度新品”，并成为了各地酒企争相模仿的对象。

“我是江小白”深刻洞察了中国酒业传统保守的不足，本着“好品质、好创意、好体验”的经营“三好”原则，致力于传统酒业的品质创新和品牌创新，引领和践行中国酒业的年轻化、时尚化和国际化。

“我是江小白”拥有经验丰富的资深专业酿酒科研团队，在酒的口感上进行了深度创新。科研团队采用单一高粱小曲白酒酿造工艺，工艺技术标准化，白酒品质稳定，强化了原有的口感特征，突出了单一高粱酿造的独特高粱香特征，弱化了曲香、窖香等传统白酒的所谓厚重感，使产品具有国际化的特点，如入口柔和、单纯甜润、不上头不口干、醉酒慢、醒酒快等。

“我是江小白”具有作为调味基础酒的先天优势，消费者可以根据个人喜好加入冰块，口感更佳；还可以与瓶装冰红茶、绿茶、红牛、王老吉、柠檬汁、橙汁、苏打水等混合调制成充满个性与创意的“小白鸡尾酒”，口感全新，时尚味十足。

除了具象化的形象与容易记住的名字外，“我是江小白”为媒体

赞许最多的是它O2O营销模式。“我是江小白”是一个近乎完全依赖社交媒体造势出来的品牌。2011年12月27日，“我是江小白”发布了自己在新浪上的第一条微博：“我是江小白，生活很简单!”到目前，“我是江小白”发布的微博近8万条，粉丝数超过10万。

“我是江小白”几乎不在主流媒体做广告，利用最多的是免费的社交媒体。除去地铁广告，“我是江小白”基本没有采用传统的营销方式。“我是江小白”之所以要绕开在传统媒体上投放广告，一是因为贵，二是因为传统媒体是单向传播。

微博属于一种利用互动性很强的社交媒体，“我是江小白”的微博营销显示出了几个鲜明的特点：

（1）进行有效的文案植入，将有意思的话题与“我是江小白”的产品联系在一起。比如，利用在微博上流传甚广的《来自星星的你》里“都叫兽”与张律师PK植物大战僵尸的PS图，植入“江小白”语录：“两双筷子两瓶酒，两两相对好朋友。”

（2）对应自己的品牌形象，将微博的运营完全拟人化。在热点事件时表明自己的态度，从钓鱼岛争端抵制日货，到昆明恐怖主义袭击提醒大家远离恐怖分子，几乎在每一个热点事件发生时，都能看到“我是江小白”的身影。

（3）利用微博互动作为线上工具，组织线下活动，并与线上形成互动，增强粉丝黏性。比如，“寻找‘江小白’”，要求粉丝将在生活中遇到的“江小白”拍下来，回传至互联网。结果，被粉丝找到的“江小白”既有餐单上的，也有餐馆里的，还有地铁广告上的。

除了微博，微信也是“我是江小白”的营销渠道之一。和微博比起来，微信的私密程度更高，除了微信公共账号，“我是江小白”还运营着“小白哥”的私人账号，该账号由专人负责维护，并不属于“我是江小白”的任何一个员工。

将自己定位于年轻一代，让“我是江小白”很快脱颖而出，但是仅仅做年轻人这个细分市场，又会显得空间过于狭窄。为了拓展市场空间，“我是江小白”的团队还举办了2013年年底的同城约酒大会。

“我是江小白”的粉丝经营得很细致，这场千人聚会的人员，都是由工作人员从上万名线上报名者中筛选出来的。粉丝信息主要来源于两个渠道：一是通过根据网络报名得到的性别、年龄段、姓名和联系方式；二是在微博互动中抽取的粉丝，这些粉丝一部分是来自送礼物的时候得到的个人信息，一部分是工作人员一一浏览粉丝的微博内容确认的个人信息。

经过这样的信息核实，“我是江小白”从1万多名统计有效的粉丝中随机挑选出了千人参加聚会。遴选的时候，首先根据年龄层次进行了一轮筛选，男性的年龄段为20~40岁，女性的年龄段为25~35岁。

“一切基于消费者来考虑”这个思路，让“我是江小白”的经营思维与小米联合创始人在2014年2月末的首届中国酒业上提出的3个“一”不谋而合。“海量”“单品”“微利”这3个互联网产品特点，也是“我是江小白”的特点：放弃豪华包装，采用玻璃磨砂瓶，裸瓶销售。只有一款小曲清香型的产品，分为100毫升、125毫升、300毫升3种规格。

此外，在渠道上，“我是江小白”的渠道也是扁平的。消费者花钱，餐馆老板收钱，老板交给分销商，分销商交给“我是江小白”，等于三级。“我是江小白”的销售既跟经销商打交道，也直接跟餐馆打交道，做关系维护。

马佳佳：当美女遇到“性”

如今，曾一度作为时髦概念的“知识经济”已经烟消云散，取而代之的是新兴热词“互联网思维”。在不到几个月的时间里，情趣用品与马佳佳顶着“互联网思维”的光环走进了大众的视野。

现在的马佳佳已经成为诸多创业论坛和商学院争相邀请的演讲嘉宾，在各地谈创业、谈互联网思维、谈品牌观营销观。自 2012 年从中国传媒大学毕业之后，她就进入成人性用品行业，与志同道合的伙伴们一起，仅用了一年多的时间就带着 Powerful（泡否）情趣用品店，从北京东五环传媒大学旁的小吃街一路“杀”到了三里屯商区。

媒体在马佳佳身上贴上了太多标签：“童颜巨乳”“90 后”“创业新军”“情趣用品商”“性解放者”。这些词汇将她推上了一个与自身年纪并不相符的高度。每当站在一群相同的成功创业者中间，她总会显得异常突兀。

马佳佳，原名张孟宁，是2008 年云南省的高考语文状元，2012 年 6 月毕业于中国传媒大学。毕业当天，马佳佳就在学校附近开办了创意情趣用品店，第一次用健康阳光的形象诠释了原本晦涩隐秘的行业，一度成为媒体关注的焦点，成了“90 后”创业的典范，是最年轻的“90 后”美女 CEO。

在 Powerful 店中，有一大块墙面上嵌满了各种各样的飞机杯，飞赞网的创始人凌绝顶经常将朋友拉到这里“游玩”，有一次他去店里，马佳佳建议说：“我们合作举办一个大赛吧！这些都是指定用品。”凌绝顶愣了一会儿，如何在众目睽睽之下办这种比赛？虽然这些都只是推销的噱头，但他还是很佩服马佳佳的点子。

马佳佳拍了很多20世纪美国“洋妞”风格的写真，照片中，她的身体姿势和自信健康的笑容构成了巨大的反差，以此揭示出这样一个主题：新时代的女性在经济独立的基础上，每分每秒都集智慧、知性和风情于一体，性和性感不是为了取悦男人，而是取悦自己，两性关系是一种平等的相互眷恋。

在一次舞蹈排练的时候，马佳佳不小心把韧带拉伤了。她坐在轮椅上，用手机直接把伤情转化成了瘦身教程——晒伤腿照片，从大肿腿一路晒到痊愈时因为长期不活动肌肉萎缩变成的大细腿，她跟粉丝们总结道：“要想瘦，先脱臼。”粉丝们纷纷乐不可支。

马佳佳走红之后，有些记者总是想知道，她为什么会走上这条令人难以接受的道路。马佳佳在微博上吐槽了一个令她不能忍的情节——记者瞪大眼睛同情地说：“你本来可以跟我一样，选个正常的职业。”马佳佳脱口而出：“因为不想跟你这种人做同事啊！”

当马佳佳代言凤凰新闻客户端的站牌灯箱出现在人们视野中的时候，这位集“90后”“胸大无脑”“性消费”“高考状元”标签于一身的女孩再次被推到人们的面前。凤凰网很快就这件事做出了回应，因为他们觉得马佳佳的所作所为与凤凰网所期待的简洁、快速、共鸣、包容、开放、创造所契合，因此合作也是理所当然的。

从2008年夏天进入中国传媒大学后，马佳佳就几乎上遍了校园舞台。她参加表演的搞笑辩论赛的视频，被称为“尺度最大”，甚至还被推上了几大视频网站首页，收获了近千万次的播放量。

经过两个月的多方筹备，2012 年 6 月，毕业当天，马佳佳就在大学门口开了首家成人用品实体店——Powerful。慕名前来的学生们挤进了明亮的店里，穿着蓝色制服的马佳佳带着大家一起用安全套替代彩色气球吹起了泡泡，庆祝开业，20 平方米的店里洋溢着青春的气息。

2013 年 3 月，北京泡否科技有限公司成立，马佳佳担任 CEO。

2013 年 10 月，Powerful 旗舰店落户北京三里屯 SOHO 广场。

如今，Powerful 三里屯旗舰店被称为“中国最美情趣用品店”。与传统昏暗的、躲躲闪闪的成人用品店不同，这里宽敞明亮、色调鲜艳，门口还悬挂着“不好意思的不准进，长得不好看的不准进，18cm 以上的可以打折”标语，店内“隔江犹唱后庭花”等带有隐喻和调戏意味的标识随处可见，吸引着人们对情趣用品的神经。

马佳佳到万科做了一次演讲，给地产圈剖析了“90 后”人群。她说，如果想让产业发生颠覆，首先就要改变观念，因为“90 后”压根就不买房。

Powerful 的微信公众号播放出了演讲 PPT 全文，先简单地解析了“70 后”至“90 后”的观念与性格，然后又提出了自己针对“90 后”定义的房地产的新模式。虽然现在看起来十分荒谬，但也比较确切地打开了“90 后”这一人群将来对房地产可能的消费观念。

看过马佳佳现场讲演的人应该会提出这样的疑问：到底是什么原因，让这位“90 后”表现得如此淡定，如此成熟？虽然我们无法知道确切的答案，但是至少马佳佳自己曾经给过这么一个回答。在第八届中国网上零售年会上，马佳佳做《90 后创业者的奇妙生意观》的演讲时，有观众问道：“我进来的时候，你在淡定地演讲和分享，你的思维跟你 20 岁的年龄很不成比例，我想知道你以前是干什么的?”马佳佳回答说：“我是传媒大学毕业的，传媒大学就有各种各样的奇葩，疯狂的世界已经把我磨炼得非常淡定。”

马佳佳和她的Powerful网店究竟赚不赚钱？马佳佳针对网上“黑”她的人做出了回复《你们说，泡否到底赚不赚钱呢》。下面节选部分观点与各位分享：

> 我具有强烈的利他型情商，这就决定了我永远不会说“有多少人多么爱我、多么热烈地追求我、多少高帅富跪舔”这种给他人带来压迫感又冷场的话，我只会把“有人想把包皮割给我做戒指”这种好笑的、愉悦大众的事拿出来把玩。从3年前，我就开始保持“每一次见面、每一个场合说的话必须对别人有用的习惯”，这种习惯决定了我的人生可以飞得比别人快。我相信，5年以后，保持这种习惯的人和喜欢说自己很厉害的人的人生定然会出现很大的差距。
>
> 韩寒、郭敬明、李宇春、范冰冰、汤唯、舒淇，在火之前，都经历过弥天大黑，被黑得太少，一直是我的心头大患。如果有好心人能帮我省下买水军的钱，那就太棒了！如果文笔能更有趣一点，就更好了。

马佳佳的这些话可谓妙语连珠，显示出多媒体营销的魅力。

事实上，在马佳佳创业的发展过程中，天使投资人杨宁发挥了巨大的作用。杨宁既是投资人，从一定意义上也是马佳佳的导师。他曾经对马佳佳说：“你的模式和维珍集团的老板理查德·布兰森很接近。理查德·布兰森通过个人品牌来做营销，带动了很多商业模式齐头并进，行业涉及唱片、航空、邮政、投资等，你的未来发展方向也是如此。有了众多粉丝，就会出现很多商业模式。地产大佬

之所以要找你演讲，就是想看看移动互联网时代用户思想的改变，听一些新的声音，了解一下年轻人的想法。”

杜彩是中国传媒大学的著名“深井冰”（网络语言，为“神经病”的谐音）教授，也是马佳佳的导师。这里有一句杜彩自己认证过的评价：“杜彩的眼光是邪恶的，语言是淫荡的，行为基本上端庄的，心灵是高尚的。”还有一句杜彩课上曾经说过的话：“我懂的学问很多，我可以不停息地一直给你讲，想听什么都行。比如我很好色，但我不喜欢那些低级淫荡的东西；比如我确实不喜欢当老师，但找不到其他工作，只能站在这儿……”有这样一位“深井冰”导师带着，马佳佳怎么会不成妖成仙？

整合战略：战略上的动态协同

整合战略是指主并购企业在综合分析目标企业情况后，将目标企业纳入其战略之内，使目标企业的所有资源服从主并购企业的总体战略以及为此所做的相应安排与调整，使购并企业的各业务单位之间形成一个相互关联、相互配合的战略体系，从而取得战略上的协同效应的动态过程。

“整合战略”是一个影响力巨大的概念，如果将这个概念实施好了，其他许多问题都会迎刃而解。整合战略包括4个阶梯：第一级为业务流程整合。即为了在衡量绩效的关键指标上取得显著改善，从根本上重新思考、彻底改造业务流程。第二级是人力资源整合。从企业来看，人的独特性、不可替代性与不可模仿性决定了人力资源是直接构成企业核心能力的关键性战略资源。因此，企业要从战略的高度来制定人力资源获取、利用、保持和开发的系列整合策略，构建人力资源的整合与管理体系。第三级是企业文化整合。在知识经济环境下，企业竞争的核心已转向知识竞争、文化竞争；整合战略也不仅仅是企业有形资源的简单合并，更重要的是以企业文化为中心的无形资源的优化整合。第四级是市场营销整合。企业需迅速构建和实施全新的营销整合策略，展开市场营销大攻略，培育顾客忠诚、提升员工素质，巩固国内市场、开拓国际市场，实现全球经营的战略目标。

整合战略阶梯第一级：业务流程整合

市场局势瞬息万变，任何一个无法预知的市场力量都可能对企业的收益额增长和发展造成负面影响，要想让自己的企业获得更好的生存和发展空间，就要采用正确的方法对客户与合作伙伴的需求进行响应，制订更具响应性的业务流程，满足企业监管的要求；同时，还要提高企业的工作效益与响应时间。如何来迎接这一极大的挑战呢？首先就要掌握迎接这种挑战的核心利器——流程整合。

所谓流程整合，并不是简单地将内外部的流程拼接在一起，而是将企业的人员、结构、业务应用与信息统统都整合到企业流程中，不断地对企业业务运作实施改进，逐渐精简和压缩现有的业务，实现管理上的扁平，在最短的时间里响应外部变化的市场局势，增强企业的生存能力。

对企业流程的整合，都能对企业整体的流程和效果起到一定的作用，都可以提高工作质量、工作效率，获得快速反馈等。只要依据企业现存的环境，提出合理的实施方案，对其进行简要的评估，逐渐优化和改进评估中发现的问题，就会顺利进入实施阶段。

1. 流程整合的方法

大部分流程整合中的问题都是可以通过流程改造来完成的，个别环节则需要通过管理优化等手段的配合。流程整合的主要方法有硬件提升、环节简化、时序调整、流程改造和管理优化等。具体内容如下表所示。

流程整合的方法和说明

方　法	说　明
提升硬件水平	逐渐优化办公设备和办公平台，改善办公习惯和环境，比如，采用“无纸化”办公，可以在一定程度上解决办公拖拉的问题，提高工作效率；逐渐提升办公平台等信息应用，不仅可以增加办公的透明度，还可以在很大程度让工作方式变得更加积极主动，有效提高员工的工作积极性
简化一些环节	在整合业务流程的过程中，将不必要的环节进行合并和删减，不仅可以使各流程环节之间变得更紧密，还可以将工作内容控制在相对适宜的程度，提高工作效率
调整必要的时序	之所以要进行业务流程的整合，不仅是为了提高工作效率，更是为了加强企业对于外部信息的响应，因此为了有效保证业务过程的顺畅，必然要调整部分业务，必须对相关业务环节在时序上进行调整
改正以往的流程	在整合业务的过程中，业务方式和关联关系必然会发生变化，企业在业务上也会随之出现很多变化，这就需要对以往的流程进行改进和优化，逐渐完善业务过程
优化企业管理	流程改造是对企业业务过程和工作流程进行的有效整合，必然会对业务内容和办公方式产生较大的影响，因此就要从管理上对流程和业务执行进行支持，必要时还要不断调整和优化人员和结构

2. 流程整合解决的问题

在整合业务流程的时候，需要解决以下3个问题：

(1)“信息孤岛”。今天，很多企业的不同部门都有很多孤立的系统，部门之间的信息不能实现有效的共享，企业的信息资源不能得到有效利用，经常会出现不同部门为同一件事情重复工作的情况，而且还不能有效保证数据的准确性。通过流程整合，不仅可以将业务流程合理地结合在一起，对企业存在的问题进行梳理和分析；还能够对企业中的“信息孤岛”进行完善、融合，实现信息的共享。

(2)对相关业务、系统进行隔离。有些企业在系统上线实施的过程中，由于系统存在一定的复杂性、约束性和重复性，因此系统操作者并不能通过系统执行业务，或者不得不在业务执行完后在系统中重复录入。由于系统和业务的分离，不仅大大降低了系统的执行效率，还在一定程度上影响了数据的及时性和准确性。通过业务流程整合，不仅可以实现对部门间的合理配置，还能够加强部门间的沟通和理解，实现快速响应的效果。

(3)为决策提供有效的支持。企业中，很多业务系统都积累了大量的有效数据，可是由于数据分散，无法发挥出不同系统协同的效用，管理层也就无法通过综合的平台和报表从整体上了解各系统的业务执行情况和效果，如此不仅会影响系统对决策的支持程度，还会降低系统自身的使用价值。通过业务流程的整合，就可以对以往的流程进行改进，对相应的数据进行处理和分析，使之达到共享和有效；同时，还可以通过不同部门的评估和整理，从不同角度分析相关数据，充分地将使用价值体现出来，为决策提供有效的支持。

3. 业务流程整合内容

具体来说，业务流程整合的实施包含以下 8 个方面的内容：

（1）总体规划。首先，要得到管理层的支持与委托，设定一个基本方向；其次，要明确企业的战略目标、内部需求和信息化建设；最后，要确定流程整合目标和范围、项目组成员、项目预算和计划等。

（2）项目启动。召开项目启动大会，进行全员动员，宣传造势，进行内部流程整合理念培训。

（3）流程梳理和分析。通过企业内外部环境分析和客户满意度的调查，了解业务和流程的现状，对现有的业务流程进行描述与分析，归集问题，得出诊断报告。

（4）流程整合设计。建立目标，确认关键流程，明确改进方向和流程整合设计，配套辅助信息初步形成，确定整合方案。

（5）设计配套方案。收集与整理配套辅助信息，调整职能方案，设计配套方案。

（6）实施方案。制订详细的优化工作计划，组织实施，完善配套方案。

（7）项目评测。评估项目效果，总结成功得失经验，指导完善流程管理。

（8）持续改进。观察流程运作状态，与预定优化目标比较分析，对不足之处进行修正改善，使流程优化成为一种持续行为。

整合战略阶梯第二级：人力资源整合

市场经济是竞争经济，市场竞争的核心是人才的竞争。企业的整合战略能否获得成功，在很大程度上取决于能否有效地整合人力资源。我们来看下面两个例子。

（一）

1987 年，台湾宏碁电脑公司收购了美国生产微型电脑的康点公司，可是在后面的 3 年时间里，宏碁公司累积亏损了 5 亿美元，在 1989 年只好以撤资告终。

认真分析之后，宏碁公司发现，失败的真正原因就在于“人力资源整合策略”出现了问题。不管是在收购前，还是在收购后，康点公司都出现了人才断层的危机，研究人员流失严重；同时，宏碁公司缺乏通晓国际企业管理的人才，没有填补此缺口。

（二）

1998 年 9 月，合肥荣事达集团公司兼并了重庆洗衣机总厂。通过两年的努力，在重庆地区，“荣事达”与“三峡”的品牌市场占有率由 40% 上升到了 70% 以上，平均毛利率比上年同期增长了 82.57%。

这次合并之所以会获得成功，主要就在于兼并后荣事达集

团进行了有效的人力资源整合。兼并之初，集团没有减少员工，没有动旧有的班子，保留了原厂级的领导职位，集团只派出3个人分别出任公司的副总经理、总工程师和财务总监助理。一段时期后，新班子就成立了。之后，新班子便对公司进行了有效的管理和改革，将原来的16个处室、3个车间调整为6处1室、4个车间，精简了63名中层和机关管理人员等，这些措施就把荣事达引上了成功之路。

通过上面的正反两方面的对比，人力资源整合的巨大作用由此可见一斑！

今天，越来越多的企业已经认识到了人力资源整合对提升企业核心竞争力的重大意义。通过系统的人力资源整合，不仅可以充分激发出员工的潜能，和谐处理领导者与员工之间的关系；还可以对相应的各种治理活动进行有效的计划、组织、协调、指挥和控制，提高企业组织效率，增强企业的核心竞争力。

那么，究竟什么是人力资源整合呢？所谓人力资源整合，是指通过一定的方法、手段、措施，对来自不同企业的人力资源队伍进行重新组合和调整，建立起一套统一的人力资源政策，形成统一的企业文化和价值观，引导来自不同企业的组织成员发挥自己的主动性实现组织的总体目标。从这个意义上来说，人力资源整合就是建立在人力资源管理基础上的更高层面的目标，是人力资源管理的发展。

1. 人力资源整合的原则

进行人力资源整合的时候，通常要遵循这样一些原则：

（1）过渡要稳当。对于企业来说，在各类因素的整合中，人力资源整合是风险最大的。如果加快节奏，整合一步到位，效率虽然很高，但需要承担的风险也非常大；如果稳步推进，放慢速度，虽然效率较低，但确定性较强。通常来说，进行人力资源整合的时候，既不能为了追求速度而冒太大的风险，也不能为了过分求稳而放慢节奏。因此可以采用的方式应该是：首先，确定好并购所要实现的目标和效应；其次，全面规划，扎实推进，平稳过渡。

（2）调动员工积极性。企业的发展依赖于员工的智慧，在企业的发展过程中，员工的积极性是最关键的。在进行人力资源整合的时候，只有充分调动和发挥员工的积极性，才能在最短的时间里实现人力资源的整合。为了调动员工的积极性，就不能拘泥于某种固定的形式，不能限制在某一章法中，应该综合使用各种方法来调动员工的积极性。

（3）积极保护人才。善于发现人才，培养人才，使用人才，保护人才，是人力资源管理的根本。对于一个新企业来说，经营环境和人群构成都是新的，在各种因素的作用下有些人很可能就不愿意介入其中。可是，只有留住人才才能谈得上正确使用人才，因此不仅要保护人才，还要实现人才的群体优势最佳，实现不同人才的知识结构互补。

（4）努力降低成本。在企业经营成本中，人力成本是重要的组成部分。人力组合不同，企业所要支付的人力成本就不同，因此最简单的法则就是降低成本。当然，这里所说的降低成本，并不是要降低员工的报酬，而是降低最优群体所形成的成本。

（5）多种方式组合。在具体的实践中，只采取一种方式就能完成的人力资源整合是不存在的，同时任何一种方式都不可能适合于

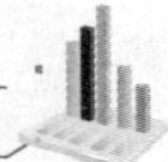

所有企业的人力资源整合，应该具体问题具体分析。因此，在人力资源整合过程中，必须充分考虑企业的类型、环境、条件、对象、时间等多种因素，科学组合、巧妙运用多种方式。

2. 人力资源整合的策略

进行人力资源整合的时候，需要采取以下策略：

（1）稳定核心人力资源。资源整合的战略意义并不在于获取目标企业的业务、关键技术和市场占有率，而是要获得高级技术人才和管理人才。但是，资源整合会给双方人员的工作和生活带来较大的影响，因此稳定核心人力资源，尽快消除其心理压力，是人力资源整合的首要问题。

其一，选择高层管理人员。如果对方企业的最高层管理人员十分优秀，有继续留任的意愿，从短期的角度来说，留用该企业最高层管理人员是最佳的选择；如果对方企业的领导者比较平庸，或者另就高枝，就要及时选派合适的人才担任对方企业的高层主管。新的领导团队的能力与领导风格，必然会带动整个新企业营运策略的执行，实现组织文化彼此间的相容性。

其二，进行人员的沟通。企业人力资源整合引起的压力，通常都会使员工对企业未来的动向产生忧虑、不确定和愤怒，进而产生抗拒心理。这种焦虑和悲观情绪一般都是由于信息不充分造成的，因此，进行人力资源整理的时候，一定要和员工进行交流，设法留住企业的核心人才。不仅要为员工提供人力资源方面的资讯，如谁是新任的最高层领导、未来经营方向如何等；还应澄清员工们的种种顾虑和担忧，如裁员问题、福利状况、个人的开发、发展等。

（2）调整人员，积极培训。在充分地沟通并了解企业的人员、文化状况后，企业可以制定出一套原有人员的调整政策。在这一过程中，可以通过培训的形式进行。

其一，做好裁员培训。当人力资源整合完成之后，由于企业战略的重新定位和文化理念的冲突，裁员是不可避免的。为了实现这一目的而又不影响其他员工的情绪，就要进行裁员培训。企业要用更人情化的方式，根据员工的兴趣、爱好和特长等，为其提供中介机构的培训服务，并给予一定数额的补偿。这样做，不仅可以有效消除被裁员工的恐惧和担忧，又能使其很快找到更适合自己的工作。

其二，做好文化整合培训。企业文化的整合是群体信念、行为方式的革命，是一个长期的艺术化的过程，而培训可以有效地实现这一过程。在进行文化培训的时候，不仅要让员工去切身体会感受独特的企业文化，使其在文化的对比中形成强烈地学习、模仿动机；还要对不同企业的文化特质进行有效的评估，让更多的员工参与进来。

（3）激励员工积极奉献。在进行人力资源整合的时候，仅仅留住人才是不够的，引导人才为企业发展做出积极贡献才是整合活动的实质。如何来激励员工呢？可是使用以下 3 种方法：

其一，制订一个鼓舞士气的前景规划。个人的能力是由意义和兴奋引起的，企业的能量是所有员工能力的总和。为了取得员工的忠诚，企业就要制订一个能够鼓舞员工的前景规划，传达给每位员工。当激动人心的前景规划出现时，员工对他们所做的工作就会感到兴奋，企业中就会弥漫出一种骄傲、神圣的热情。

其二，制定一套晋升政策。晋升对员工有很大的激励作用！这一原则不仅适合接近高层的管理人员身上，还可以运用到较年轻的管理人员和专业人员身上，企业的发展创新主要依赖他们的努力和献身。

其三，给予一定的股权激励。股权激励是实现精神理念到现实操作转变的价值实体，能够使员工真正成为企业的主人，与企业共生共荣。对重要的管理人员和核心专业技术人才给予一定数量的股权激励，可以吸引和稳定人才队伍，保持企业的竞争力和生命力。

整合战略阶梯第三级：企业文化整合

一个成熟的企业系统不仅要有完善的组织结构，还要有较为深厚的组织文化。企业文化要想实现从无序到有序，必须经过有意识的整合。

所谓企业文化整合，就是指对企业内不同的文化倾向（或文化因素）进行有效的整理和整顿，将其结合为一个有机整体。实现企业文化的整合是一件复杂的事情，需要具体情况具体分析。现在，我们就以联想并购 IBM 电脑事业部的文化问题为例，简要谈谈企业文化的整合。

联想与 IBM 的文化背景是明显不同的！联想是中国企业中文化较强的典型，带有创业文化的典型性和中国社会转型中的一系列特征；而 IBM 电脑事业部则具有典型的职业文化特征，具有在成熟的市场经济体制和社会背景下形成的文化特质：守时、敬业、诚信、承担岗位责任、公私分明等。

联想购并 IBM 电脑事业部与很多强势并购是不一样的。联想并购 IBM 电脑事业部，不仅是 IBM 电脑事业部面临经营窘境而不得不出售自身的一种经营行为，而且是 IBM 公司整体经营转型、对电脑事业部进行战略放弃的一种企业经营行为。对于联想来说，在中国市场占有着支配的地位，但在世界市场份额很低，与 IBM 的这笔交易会给予它一个坚实的立足之处，这也是其战略定位的选择。

有了以上认识，我们现在来分析一下联想并购 IBM 电脑事业部的文化问题。

首先，文化整合不是文化吞并。企业兼并，并不是一个企业吃掉另一个企业的文化，而是双方文化不同层次的融合，集团层面更是如此。为了实现并购后 IBM 电脑事业部的效益最大化和持续发展，联想就要有一个开放的心态，尊重对方的文化。文化是分层次的，既包括战略层面的理念文化，也包括行为层面的职业文化和企业形象文化。在战略层面上，必须达成一致，实现共生共荣。

其次，文化整合需要一定的积累和准备。企业的文化整合，不是伴随资本并购随即完成的，要做出相应的积累和准备。纵观联想文化因素的变迁：柳传志对联想实行的是半军事化管理，要求号令统一、步调一致。进入杨元庆时代前后，联想公司的企业文化变为更加灵活的人本文化。之后，联想还推行了“家文化、亲情文化”。

最后，文化整合要努力降低文化整合风险。虽然联想已经在国际化的道路上做了一些探索，但是不论是强强联合，还是强弱并购，并购的成功与否，与企业文化整合有着密切的关系。要想降低企业并购中的文化整合风险，应注意以下 3 点：①重视并购中出现文化冲突，领导者要有强烈意识，并购前要做好企业文化评估

工作。②开展跨文化沟通培训，筛选管理骨干组成班子，充分进行文化方面的培训、交流与体验，最大限度地认同并发挥双方的文化优势，形成种子队伍。③杜绝以自我为中心，要有开放的心态和行为；同时，文化整合要有耐心。文化的形成是一个长期的过程，文化的更新也不是一蹴而就的。因此，必须把企业间并购的文化整合提高到战略高度来考量并启动一个文化工程。

从表面现象上看，并购是资本、技术、商品、管理的融合，而其深层次内涵则是双方文化的撞击、冲突、融合与吸收。联想收购IBM电脑事业部，如果从大概念上说，是“中国企业注入外国DNA”，但双方的文化整合之路还有一段路要走。

企业文化的整合，要根据企业发展的具体情况，从实际出发，制定一套文化整合的目标和措施，运用多种方法，对企业文化内容和文化因素进行系统化整理，引导员工端正文化心态、思想观念、价值取向和行为方式，形成企业的向心力和凝聚力。因此，在进行企业文化整合时，必须遵循正确的原则。

（1）要有文化宽容的心态。在文化整合中，保持宽容精神是进行文化整合的前提。只有实现了这一点，不同文化的人们之间才能相互尊重，相互对话，达成共识，加以分享，实现可能的融合。

领导者处于高势，员工处于低势，领导者应避免由于这种心理态势而带来的不良影响。领导者与员工之间的宽容，还要提倡一种相对自由的民主的态度。领导者与员工之间要加强理解意识，达成认同，追求平等对话，使相互关系达到和谐的境界。同时，还要注重领导者与员工之间情感上的沟通。要加强领导者与员工间非正式交往，使领导者与员工之间实现内在体验的真实交流。在这种宽容精神的引导下，进行文化整合，才能够收到应有的整合效果。

（2）善于扬弃。企业文化建设不是一蹴而就的，需要经历一个漫长的过程。每个企业都有自己不同的创业和发展的轨迹，并形成了不同时期的特色文化。要认真分析比较企业传统文化与现代企业文化矛盾的焦点和特点，继承传统文化的精髓，抛弃其糟粕，注入现代先进文化的新鲜血液，铸就富于生命力、适应时代发展需要的企业文化。

要对企业文化进行充分的分析和研究，看看究竟哪些文化因子是真正的本企业文化的实质性内核。辨识清楚了，才能够进行整顿整理，弘扬其优异成分，抛弃其糟粕部分，并对文化体系进行建设性地构筑。

（3）共性与个性结合。在企业文化建设中，由于制度、文化传统等原因，企业普遍缺乏企业文化的个性建设，企业文化雷同的现象较为普遍。在文化整合中，要正确处理共性和个性的关系，既要充分发挥传统企业的行业性质和经营形态，又要注重企业个性化设计和塑造，在共性中突出个性。

在现代社会里，企业的生产设备、机器厂房基本上都是一样的，现代化的管理工具和管理方法可能都具有共性色彩，但是，其经营风格、价值取向、企业精神、管理理念等，不同的企业有不同的个性。

在工业经济与信息经济同时并存的时代，企业文化要囊括这样几个要点：强调员工对企业文化主张和价值观的共识，统一企业经营理念和企业目标，鼓励各尽其职、共创事业，充分尊重员工的个性，提供适合其个性的工作岗位，让其充分施展聪明才智。只有这样，才能够与竞争者形成差异，形成本企业的特色，才具有强大的生命力。

（4）借鉴与创新结合。企业文化整合不仅要体现出企业自身的特色，还要吸纳世界文明，借鉴西方企业管理文化中的科学内容，学习发达国家的先进经营管理经验；同时，还要借鉴其他企业，尤其是国内外知名企业的文化精华，甚至是竞争对手的优异经营思想，并加以吸收创新。

所谓创新，就是在发扬传统文化的积极成分，剔除和摒弃那些过时的理念、内容和方法的同时，根据实际情况和形势变化，形成与时俱进的企业经营理念，整合出具有本企业特色的，既具有时代气息，又能够保持其核心价值观的历史继承性的企业文化。

整合战略阶梯第四级：市场营销整合

整合市场营销又称“整合营销传播”，是通过评价广告、直接营销、销售促进和公共关系等传播方式的战略应用，将不同的信息进行完美的整合，从而最终提供明确的、一致的和最有效的传播影响力。通过企业与消费者的沟通满足消费者需要的价值为取向，确定企业统一的促销策略，协调使用各种不同的传播手段，发挥不同传播工具的优势，从而使企业的促销宣传实现低成本策略化与高强冲击力的要求，形成促销高潮，最终达到促销的目的。

思科公司是全球最成功的公司之一，在互联网时代，思科是如何在社会化媒体上传播它的信息，如何利用社会化媒体来提升业务量的呢？就是靠市场营销整合。

思科是一家致力于改进人们联络、沟通和协作方式的网络解决方案提供商。为了让自己在中国找到社会化媒体传播新路，发展整合的社会化媒体传播策略，思科曾经进行了一场名为B2B的社会化媒体的整合营销。

在思科进行B2B整合营销传播时，并没有将重点放在粉丝量上，而是在社会化媒体上将技术语言转换成了有趣的语言，找到了追随的学者、同事、IT精英，直至相关的企业主或大学，实现了从B2C到C2B的过程。

首先，思科在社交平台上打造了立体化多平台整合营销模式。

思科整合自己的五大社交网络平台：思科互动网络、思科中文技术社区、新浪微博、优酷频道、思科官方网站，相互配合、紧密连接，使企业的营销效果达到最大化。

思科从多种角度传播自己的声音，积极地与网友进行互动，聆听网友的声音，当网友遇到技术或产品问题，私信或在官方账号下评论时，可以第一时间与内部专家或思科网络大使取得联系，这样不仅拉近了与网友的距离，还树立了思科的专业形象。

在微博的运营上，主要将日常维护、专题制作、推广活动等多种内容，以文字、视频、信息等多种表现形式呈现出来；配合思科产品、思科推广活动，官方微博会在第一时间发布相关图片、视频、信息图等内容。同时，还进行同步的思科全球活动，并独创了思科下午茶、思科网络在线研讨会、微博签到等互动活动。

最为核心的部分在于思科的社交大使。思科在企业内部招

募了大使，让每个人都参与到企业宣传和营销中。“大使周报”会将思科中文技术社区、思科官方微博的粉丝技术问题或产品疑问收集起来，发给思科社交网络大使，由大使直接与粉丝对话，回答相关问题。

其次，整合线上线下活动，增强互动，进行产品推广活动。

2012 年，Cisco Plus 首次落地中国的时候，思科以新浪专题页面、微访谈、微博投票、网络在线研讨会等方式进行了全面的预热，让网友全面了解、熟悉了 Cisco Plus 这一行业峰会。

在 Cisco Plus 活动当日，思科还进行了微直播、微博墙。在微直播中，还整合了思科的 8 个官方账号，征集了 4 位思科社交网络大使，在微博平台上全方位地传播思科的声音，通过开展微活动、投票、微博内容发布、产品资料微盘下载等方式，极大地提高了该产品的市场认知度。这也是首次 B2B 公司通过微博这个社会化媒体平台进行的产品征名活动，共征集到超过 1000 个中文名，动员了超过 2600 人参与。

社会化营销最重要的部分在于如何与企业营销目标相结合，将粉丝转化为潜在的客户，产生生意。社会化营销对思科来说有着非常重要的意义，帮助他们提高了知名度，并且在一年内产生了近 2000 万的生意收入。

作为知名的 B2B 高科技公司，思科在社会化媒体营销过程中，不管是策略制定、传播执行，还是效果评估，都设定得清晰准确。传播话题与传播策略高度匹配，内容设定贴合消费者心理，有张有弛。在满足顾客需求的同时，最大限度地实现了企业的目标。整合营销的重要意义由此可见一斑！

市场营销整合，不仅有利于配置企业资源，优化企业组合，提高企业的经济效益，还有利于企业更好地满足消费者的需求和企业的持续发展；不仅有利于企业各个部门的整合；还有利于营销策略的整合；不仅有利于企业长远规划与近期活动的整合，还有利于企业开展国际化营销。要想在满足顾客需求的同时实现自己的目标，企业必须借助整合营销，把企业战略、营销战略和沟通战略巧妙连接起来，实现顾客和企业的双赢。

那么，如何来进行市场营销的整合呢？整合营销的实施是一项庞大的系统工程，牵涉到企业的多个部门和多项活动，具体程序如下图所示：

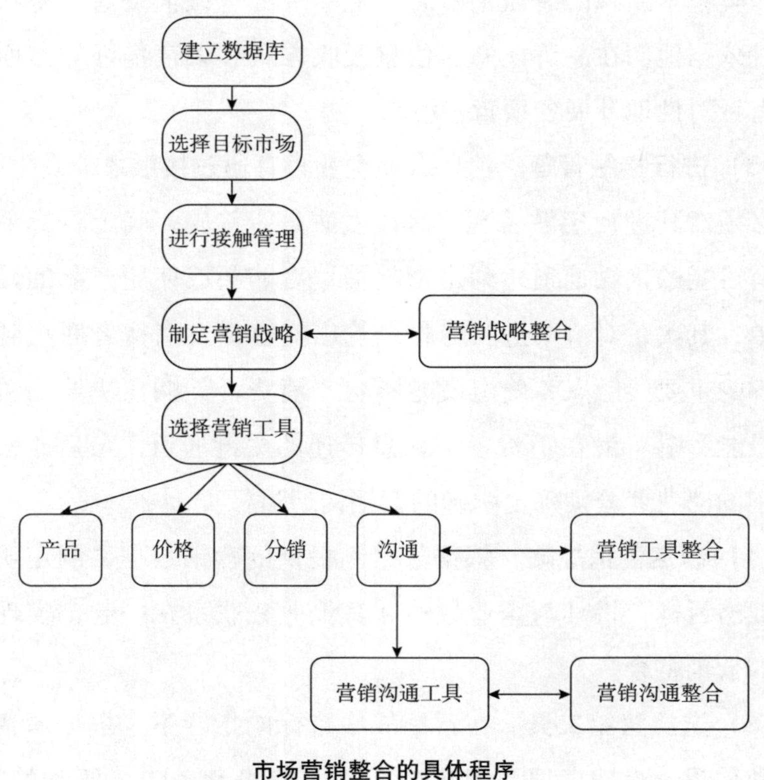

市场营销整合的具体程序

（1）建立数据库。建立数据库是整合市场营销的起点，是企业最有价值的资产！数据库是记录顾客信息的名单，含有每个顾客或潜在顾客的有关营销数据，包括历史数据和预测数据。其中，历史数据记录了姓名、地址、最新购买、购买次数、对优惠措施的回应、购买价值等历史信息；预测数据则会对顾客属性进行打分，判断出哪个群体更可能对某项特定优惠做出回应，有助于说明顾客未来的行为。

（2）选择目标市场。根据数据库资料，企业可以进行市场细分，之后选择一个企业拟进入的目标市场，进行相应的市场定位。同时，在特定的目标市场，还要根据消费者和潜在消费者的行为信息将其分为3类：本品牌的忠诚消费者、他品牌的忠诚消费者、游移消费者，并依据他们在品牌认知、信息接收方式和渠道偏好等方面的差异，有针对性地开展各项营销活动。

（3）进行接触管理。消费者和企业只有通过接触才能发生联系，因此必须对其进行接触管理。具体做法是：首先，确定目标消费者的所有可能的接触通道，列出影响消费者购买或使用产品的接触渠道清单；其次，对清单进行分析，找出能够诱发消费者联想到产品和品牌的重要接触点，确定最能影响“消费者”购买决策的关键通道和最能影响“潜在消费者”信息传递的关键通道；最后，根据不同类别的消费者分别确定明确的营销沟通目标。

（4）制定营销战略。依据数据库提供的营销数据，制定明确的营销战略目标，将其与企业战略和其他业务联系在一起，实现企业层次的营销整合。

（5）选择营销工具。在营销战略目标的指导下，根据消费者的需求和欲望、消费者愿意付出的成本、消费者对购买便利的需求，以及消费者的沟通方式，确定具体的营销工具，找出最关键的工具，实现多种营销工具的整合。

（6）进行沟通整合。沟通整合是整合营销的最后一个步骤，主要是依据顾客的信息，给不同行为类型的消费者分别确定不同的传播目标，使用不同的传播工具（如广告、营业推广、公共关系、人员推销等），根据具体的实际情况，将多种工具结合起来，整合成一种巨大的协同力量。

整合资源：中国式关系赢利法则

从前，在美国有个农村里面住着个老头。老头有3个儿子，大儿子和二儿子在城市工作，小儿子和老头在农村相依为命。

有一天，从城里来了一个人，找到老头，并对老头说："我想把你的小儿子带到城市去，可以吗？"老头说："你赶快滚出去！我就这么一个儿子在身边，为什么要把他带走？"这个人说："我给你儿子在城市找份工作，可以吗？"老头说："不可以。"这个人说："我给你儿子在城市找一个对象，你看如何？"老头说："那也不行。"这个人说："如果我给你儿子找的对象是洛克菲勒的女儿，你同意吗？"老头说："洛克菲勒是世界首富、石油大王。"最后，老头同意了。

两天之后，这个人又找到了洛克菲勒，对洛克菲勒说："洛克菲勒先生，我准备给您女儿介绍一个对象？"洛克菲勒说："你赶快滚出去！还用你给我女儿介绍对象吗？"这个人说："如果我给你女儿介绍的对象是世界银行的副总裁，你同意吗？"洛克菲勒笑了笑，点头同意了。

又过了两天，这个人找到了世界银行总裁，对他说："总裁先生，你现在必须立刻任命一位副总裁。"总裁说："赶快滚出去！我这里有很多副总裁，为什么要再任命一位呢？"这个人说："如果你任命的这位副总裁是洛克菲勒的女婿，你同意吗？"总裁当然同意了。

这就是一个资源整合的故事，通过资源整合，"这个人"既能把一个农民的儿子变成洛克菲勒的女婿，又能将他变成世界银行的副总裁。

格局与心态——资源整合之魂

格局决定胸怀，胸怀决定心态！一个大格局与胸怀是资源整合的魂。马云曾经说过："心中无敌则天下无敌。"这是企业家胸怀的一个重要体现。

在现实社会里，企业家的胸怀在很大程度上决定了一个企业的命运和企业家自己的命运。心胸宽则能容，能容则众归，众归则才聚，才聚则企业强，这是企业制胜的根本，也是企业健康成长的基本原则。

如今，企业发展迅速，涌现出了一批批成功的企业，但半路夭折的也不在少数。究其原因，除了企业生存发展的环境的影响，更重要的原因就在于企业的格局和心态。

1. 企业应该具备的格局和心态

在进行资源整合的过程中，现代企业更要具备宽广的心胸，以适应企业在更大范围内的发展。作为企业，应该具备什么样的心胸呢？

（1）有容乃大。海纳百川，有容乃大！企业如果胸怀狭隘，没有容人、容物的肚量，不仅难以成就大业，恐怕也很难与人亲切交往。企业拥有宽大的胸怀，不仅能收揽人心，聚集起更多的优秀人才，还能使人心悦诚服、同心协力、互助互爱。战国时期的楚庄王就在这方面做出了榜样。

有一次楚庄王征战大获全胜，在京师之中宴请文武百官。突然蜡烛灭了，有个人趁机拉住了楚庄王爱妃许姬的衣袖。许姬有所察觉，在黑暗中拿着对方的缨带，要求庄王立即点亮蜡烛，惩办那人。但是庄王却没有动声色，却让所有人员都解开缨带，摘下帽子，开怀痛饮，尽欢而散。

在讨伐郑国时，将领唐狡骁勇善战，威震敌胆，立下了赫赫战功。庄王下令宣赏他，唐狡却说："不敢再受了。"庄王惊讶地问为什么。唐狡告诉庄王，宴会上是他拉了许姬的衣袖，大王却没有追究他的死罪，他感恩不尽，所以舍命相报。

不可否认，正是楚庄王过人的心胸，才得到唐狡奋力死战的回报。企业家在企业中充当的角色就是楚庄王，在进行资源整合的时候也必须有容人之过、谅人之短的心胸，如此才能取得资源整合的成功。

当今社会是服务的社会，唯有能容人，才能为他人所容，谁也不能独自生存。因此，宽大的胸怀不仅是企业的处世之基本，也是成功的基础。

能容一个班的人，只能当班长；能容一个团的人，只能当团长；能容亿万人的人，才能为首脑和领袖。企业要以领袖、首脑的心胸来要求自己，逐渐适应企业发展的需要。

（2）有"度量"，大智慧。胸怀是一个"度量"问题，这是大智慧！“宰相肚里能撑船”，凡事有度、有量、有标准，才是企业的大修养。

在资源整合的过程中，企业要有谦让之德、纳人之量，从高处着手，妥善处理，这是一种大智慧的体现。

（3）树立正确的价值观。企业的战略是企业胸怀的体现。企业有多大的胸怀，想做多大的事业，就会制订出相应的战略措施；相反，从企业的发展战略措施也可以看出企业的胸怀所在。

信达消防已在全国成为一家技术领先、品质卓越、服务优良的专业气体消防产品生产企业，并在行业内树立了良好的口碑及信誉。公司生产的“海烙 HERO”系列气体灭火产品广泛应用于通信、电力、交通、金融、市政等领域，是中国移动、宝钢集团、秦山核电公司等大型国有企业的长期合格供应商。目前，公司已建立了覆盖全国 28 个省（市）及地区的销售网络，成为国内首家获得中国香港、中国澳门地区销售许可的气体灭火系统产品制造商。

公司坚持和发展现代化企业管理模式，努力创造深厚的企业文化，秉承“因信而生，止于至善”的企业核心价值观，坚持“目标明确、执着、宽容、奉献、创新、专业”的企业价值取向，以“打造百年企业”为愿景，以“为更多的人服务，为环境的改善做出贡献，为人类的科技进步做出贡献”为使命。公司拟订了包括“目标明确、执着、宽容、奉献、创新、专业”5 大条，30 小条的价值取向体系，从各个方面规范做人做事的行为准则，让公司上下一心，朝正确的方向前进。

企业的价值观是社会化的、利他的，企业在社会上体现出来的

"人格"就是服务大众的，为大家创造利益的。所以，企业的胸怀就是一扇窗，从这扇窗子可以看出企业的人格、价值观，更能体现出企业战略、前途问题。

（4）现代企业胸怀的内涵。成功的现代企业，其胸怀的内涵应该包括什么呢？

首先，要甘于忍受冤枉、委屈和不理解。企业要站在整个企业的角度来解决问题、制定策略、安排人员，为了长期的发展和利益，企业就要牺牲局部利益，在这个过程中难免会造成部分人员的不理解，甚至误解。这时，企业必须要豁达大度，让自己的心胸不断扩大，不能患得患失、斤斤计较。

其次，企业要站得更高，看得更远。企业既要胸怀全局，办事又要务实求是。企业的经营环境在不断变化，竞争情况也在不停改变，企业必须从全局考虑问题，要站在时代、行业的高度上去思考发展战略；既要长短结合，又要虚实相配，在胸怀中透出眼光、智慧，确保企业不断发展壮大。

最后，敞开胸怀，拥抱发展。企业的首要责任就是不断地发展壮大。为此，企业就要敞开自己的胸怀，不断接受新的信息，进行开放性思考，不为小利所困惑；企业家既要有政治家的心胸，又要有金融家的信誉；既要有经济家的头脑，又要有军事家的胆略，不断致力于企业和社会的大利益。

企业的心胸决定了企业的发展规模！在企业管理中，有了心胸才能容纳思想，有了思想才有智慧，有了智慧才有思路，有了思路才有出路。在企业中，思路决定出路，目标决定胜负，态度决定高度，所以要想取得资源整合的成功，就要把握事物的根源，拥有良好的胸怀。

2. 现代企业胸怀的修炼

要想实现资源的有效整合，企业就要不断修炼自己的胸怀，不断扩大自己心胸的“容量”。修炼心胸的方法有很多，但以下几个方面是应该注意的：

（1）大舍而后大取。小取小舍是百姓的心胸，大舍而大取是大气魄、大胸怀、大气象，是将相之气。企业的心中如果只能装下柴米油盐，就只能得到柴米油盐；如果能包容天下得失，就一定能够得到天下人的认同。企业要懂得取舍之道的真谛，要修炼胸怀就要先修炼取舍。

（2）开阔心胸。企业要修炼自己的胸怀，不断发展壮大，就要有承受巨大痛苦的心理准备。开阔的心胸是不断地在痛苦考验中锻炼出来的。企业家追求的是更大的成功，需要宽广的胸怀，就要能够承受巨大的痛苦。只有从炼狱中走过的企业，才会发现通向幸福的途径，才会达到通过炼狱到天堂的境界。

（3）学会“释怀”。成大业者要有平常心，要有那份“拿得起，放得下”的放达与豪迈。耿耿于怀的小家子气，既伤害自己的身体，又影响企业的士气。得与失在企业发展中都很正常，胜与败更是兵家常道，留一步路宽，让一份人前，学会“释怀”才能看到天地宽。

（4）“夹着尾巴做人”。这并不是说企业要畏首畏尾，瞻前顾后，而是说企业要谦虚，要戒骄戒躁，要站在高处看远处，逐渐提高自身的修养，不要动辄骂人、睚眦必报。相反，自高、自傲、自大则是心胸狭小的表现，不是优秀企业的本色。

寻找资源的海洋——资源整合之道

所谓资源整合之道，就是我们要在哪里投入和整合资源。只有找出一个能容纳资源的洼地，才能更容易也更有效地把资源聚集在一起，形成一个先发优势。所以，资源整合有一个必要的前提：发现资源。

1. 可利用的资源就在身边

很多人把自己无法整合资源的原因归结为无法找到资源，其实资源到处都是。紧握手中的资源，不善于发现新资源的做法不是明智之举。当然，没有意识到自己本身就是一种资源的想法也是可悲的。在我们身边，这样的人比比皆是，手头握着各种各样的资源，却无知地将其浪费掉。

一所房子里住着3个人：一个鞋匠，一个裁缝，一个理发师。

鞋匠的鞋子是好的，但是衣服和头发都很糟；裁缝的衣服是好的，但鞋子和头发都很糟；理发师的头发是好的，但是鞋子和衣服都很糟。而补鞋子要1元钱，缝衣服要1元钱，理发要1元钱，他们每个人需要2元钱才能把自己从头到脚搞干净，才能去工作。但是他们都没有2元钱，所以，他们都不能去工作。

一天，鞋匠的亲戚来了，借给鞋匠 2 元钱，然后鞋匠把 1 元钱给了裁缝，把另外 1 元钱给了理发师，于是鞋匠从头到脚都干净了，可以去工作了。

现在，裁缝和理发师每人有 1 元钱，裁缝把他的 1 元钱给了理发师，理发师有了 2 元钱，理发师把 1 元钱给了鞋匠，把另 1 元钱给了裁缝，他也可以去工作了。裁缝呢？把理发师给他的 1 元给了鞋匠，他也可以去工作了。

最后，那 2 元钱又在鞋匠手里了，他把钱还给了亲戚，他们 3 个现在从头到脚都是干净的，可以去工作了。

在这则故事里，鞋匠、理发师和裁缝手上都有一份资源，那就是他们的手艺。然而他们只意识到钱是可以直接交换的，没意识到手艺也是一种资源，可以通过交换手艺来实现他们的价值。在这个整合资源的过程中，贯穿其中的就是 2 元钱，然而这 2 元钱到后来其实只是一座桥梁，最终物归原主，但它所发挥的作用是不容忽视的。如果他们始终没有认识到他们本身就是一种资源的话，那么他们将永远只能待在房子里。假定没有这 2 元钱，那么鞋匠、理发师和裁缝还是不能出去工作，那他们就永远赚不到钱。

我们再来看看下面这个发现资源并利用资源的成功例子：

20 世纪 50 年代，在以生产煤炭和钢铁著称的美国工业城市匹兹堡，焦炭灰堆积如山，成了匹兹堡的一大公害。匹兹堡的市民来来回回从垃圾中走过，虽然都对垃圾的污染感到焦虑，但谁也没有想到焦炭灰也能变成财富。匹兹堡有一个推销员叫约翰·兰高斯，当他一次次路过气味熏人、随风飞扬、灰尘弥漫的焦炭灰堆时，经常琢磨商机的兰高斯，在他的大脑里突然

萌发出焦炭灰能不能生财的意念：是啊，这些焦炭灰如能利用变成财富，不是一个致富的好门路吗？他开始对焦炭灰垃圾进行研究。

兰高斯买了很多有关焦炭灰的书籍，并请教专家。经过研究发现，焦炭灰中含有可以继续燃烧的焦炭，其他不能燃烧的废物还可以作为制造砖和煤渣建筑板的原材料，煤渣还可以铺路。这可是变废为宝的好商机！1960 年，他便创立了自己的垃圾处理公司。一开始有一些人感到奇怪和不解，但经过他几年的苦心经营，生意正如他预见的一样，芝麻开花节节高，业务范围越来越大。

从回收焦炭灰到钢铁废渣，然后回收电厂的煤渣，到 1969 年兰高斯收购了美国最大的垃圾处理公司，他的事业开始走上坦途，业务也从废物由废变宝发展到了市区垃圾填埋区的购买经营。20 世纪 80 年代以来，兰高斯的垃圾处理公司平均每年的营业额和赢利额增长均超过 50%，在全美有 20 个填埋区，1991 年营业额突破 3 亿美元，他个人持有美国最大的垃圾处理公司 5.46 亿美元的股票。

兰高斯从一个推销员白手起家，变成了美国著名的垃圾富翁，就是源于他具有发现创业资源的敏锐眼光和科学的资源发掘方法，把别人丢弃不用的东西，与社会的需求相结合，通过资源发掘整合，独辟蹊径，为满足社会和客户的需求创造了价值，实现了自己致富创业的梦想。

2. 有待于挖掘与整合的新资源洼地

在现代社会，有待于挖掘与整合的新资源洼地有以下几种：

（1）未被创造的发明。如看电影由录像带到 VCD 再到 DVD 等。

（2）未被提供的服务。如快递、速递，让速递买票等。

（3）未被交换的资源。如一条街有 10 家餐厅，老板们可以联合起来做一件事，发行“美食护照”。在美食护照里有 10 个戳可以盖，你可以在每一家餐厅吃一客主菜。这样，愿意把自己的东西开放给人家，反而可以增加收入。

（4）未被合作的机会。如跟更多的人合作，就有更多的机会。

（5）未被开拓的市场。如在渠道方面开发和培养经销商、分销商等渠道市场。

（6）未被提升的价值。如手机开始可以打电话，后来可以发短信，再后来可以照相、上网等，每一个价值的提升都是手机功能的跃进，也是新的事业与商品的机会。

3. 寻找、挖掘新资源的方法

发现资源，需要敏锐的眼光，需要善用大脑，需要你发掘潜意识的宝藏。只要善于寻找、发现，事实上资源是无处不在的。所以，培养一双发现资源的眼睛，发现别人无法捕捉到的财富资源，是挖掘新资源的关键。那么，怎样寻找、挖掘别人未能发现的资源呢？

（1）要培养发现资源的敏锐眼光。

希尔顿酒店的一家连锁店大厅里有一个立柱，酒店的管理人员经常在大厅里来回走过，已对它司空见惯，谁也没看到它的价值。有一次，希尔顿从这个连锁店的大厅里走过，突然奇怪地折了回来，在大厅里来回走了几圈。酒店的管理人员顿时忐忑不安，不知道希尔顿又发现了什么问题。希尔顿在大厅里

的一个很大的立柱边停下来，绕着立柱前前后后观察了好一阵子，然后立即吩咐管理人员对立柱进行改造。一个星期后，这个立柱变成一个通明亮丽的橱窗，希尔顿很快把他租给了一个珠宝商，不仅每年赚取了10万美元的租金，同时还把它变成了酒店的一个亮点，有效地提升了酒店的品位。

这个事例说明，在世界上虽然没有唾手可得的财富，但是财富的身影就游走在我们的身边，就看你有没有发现可供生财的资源，有没有发掘资源变财富的敏锐眼光。

(2）让潜意识发挥作用。科学研究证明，潜意识是资源发现敏感性的策源地，是养成良好习惯的资源地。人人都有潜意识这个取之不尽、用之不竭的智慧宝库。利用潜意识培养自己的敏锐眼光需要遵循以下3个步骤：

第一步，找一个安静的地方，闭上眼睛大声朗诵或者默默诵念关于发掘资源的重要性、方法和有关知识。让发掘资源的紧迫感和有关的方法技巧在大脑中打下深深的烙印，并想象自己完全有这种能力。

第二步，利用一段时间早晚重复这一过程，直到你一闭上眼睛，就浮现出发现资源的一系列影像。

第三步，要温故而知新，经常地对发现资源的重要性、方法和知识进行温习，直到熟记于心。

一旦发现资源的思维敏锐性和科学的思维方式变成了思维的一个重要习惯，你就能够不费力地发现大量与你创业有关的资源。要围绕自己的创业目标，结合创业实际，进行资源发掘的不断实践。比如运用发掘信息资源的知识和方法，不断地研究和发现信息资源，然后用于自己的创业决策。再比如运用人才学的有关知识作指导，进行积极的人才识别发现和使用，养成发现人才的敏锐眼光。

（3）运用科学的资源发掘方法。培养发现资源的敏锐性，还必须学习和掌握现代化的创业资源获取方法。可以利用网上搜索、信息浏览、资料查询、市场调研等手段汇集各种信息，然后运用定量和定性相结合的方法进行分析。通过去粗取精、去伪存真、由此及彼、由表及里的分析，从中发现揭示本质的东西，以鉴别可供生财的资源。

有了敏锐的眼光，坚持科学的创业资源获取程序，不仅可以提高生财资源获取的敏感性，还有利于从中意识到资源的潜在价值，从而使你发现别人发现不了的商机。

根深才能叶茂——内部资源整合

市场优胜劣汰的竞争机制，必然导致那些在同行业中科技水平不高、资源利用效率低、经济效益和发展质量差的企业因缺乏市场竞争力而遭淘汰。因此，从提升发展质量、提高资源利用率这个角度看，内部资源的优化配置就显得尤为重要。

1. 内部资源整合使企业“筋骨”强壮

天津金耀集团经过在资源有效整合方面的多年探索，提出了“内生式增长、整合式发展”的思路，虽历经“破茧成蝶”的痛苦，但使企业的“筋骨”越来越强壮，企业发展质量快速提升。

天津金耀集团通过企业内部资源整合，强化了自身资源的优化配置：

一是整顿无效、低效资产，引导企业资源向主业集中，严格控制非主业投资。由于历史原因，金耀集团内部形成了一些长期资不抵债、连年亏损以及与主业关联不密切、不具备成长性的企业。2006 年前后，集团提出了“做实做强主业”的发展思路，通过实施转让、关闭清算或合并等方式逐步清理退出了部分非主业企业，压缩清理对外投资，收回了河南焦作等多家公司的投资，同时剥离了金耀包材、金耀运输、金耀担保、双燕宾馆等非主业资产，一些潜在的经营管理风险和隐患得到妥善处置，优化了主辅业结构，使优势资源向主业集中，为企业的健康发展发挥了重要作用。同时，加快存量资产的盘活。对一些多年来闲置的土地、物资等资产进行清算，集中精力、财力、人力发展壮大主业，为主业发展提供充足的资金支持。

二是公司内部重组，发挥集约化优势，实现资源利用最大化。集团历经了 80 多年的发展，尤其是近 20 年来，企业的规模扩张较快，在多行业、多领域进行了资本运作，企业控股、参股和全资企业达到 40 多家，资本分布过宽，资源比较分散，相当一部分企业核心竞争力不强的状况逐步体现。子企业间业务交叉重叠、设备综合利用率低等问题越来越突出，迫切需要开展专业化整合，提高企业内部业务集中度，实现资源利用的最大化。

在原料药板块，金耀生物园在建设和搬迁过程中，就充分考虑到了园区内资源的充分利用，资源整合相对完善，集团内科研企业和原料药生产企业全部集中整合到金耀生物园，实现了能源动力等多项资源的综合利用。金耀生物园逐步成为皮质激素原料药、氨基酸原料药科研中心和新产品、新工艺、新技术产业化基地。

在制剂板块，金耀制剂园建设时间较早，园区内公司多，生产复杂，各公司间运作相对独立，设备利用率较低。2010年，金耀集团启动了金耀制剂园的改造提升项目，对“外用制剂”“小容量注射剂”“大容量注射剂和冻干粉针剂”等剂型进行了整体规划布局，并做好了“滴眼剂”“靶向制剂”“脂肪乳剂”等高端制剂品种的研究储备，将集团内软膏剂、胶囊剂和片剂等13个剂型的现代化生产车间整合到金耀制剂园，使多个高附加值制剂新产品实现规模化生产，促进了园区内资源的综合有效利用。目前，金耀制剂园改造提升项目正在加紧进行，综合制剂车间、物流中心、质控中心、冻干车间等工程已经完成。园区改造提升项目完成后，预计可实现年销售收入9.6亿元，年利税2亿元。

三是对园区内部机构进行重组整合，提升管控能力。将金耀制剂园内相同或类似业务整合到同一业务板块，实施统一管理，推进专业化整合，从而提高园区内的业务集中度，消除内部竞争，提升行业影响力。金耀集团将原有下属制剂制造公司金耀氨基酸公司、健民制药厂、天安股份公司部分车间等单位整合成立天津金耀药业有限公司，实现园区整体化运作。压缩了管理层级，提高了集团的管控能力。积极进行优势资源整合和股份制改造，启动上市程序，向资本市场融资，提高集团发

展实力和管理水平。

四是对物流资源进行整合。在金耀制剂园建成了物流中心，实现园区甚至集团内物流资源的整合和共享。物流中心采用一套支撑物流中心各个作业环节及设备物流管理信息系统（WMS），从销售指令的发出到成品的生产入库、出库全程信息化管理。新建物流中心将集团各公司的原辅料、包材、成品统一管理，最大化利用仓库存储空间，降低了物流成本。

天津金耀集团内部资源整合的成功经验证明，企业通过内部资源整合，有进有退、有取有舍，可以优化资源配置，从而获得整体的最优。

资源整合是企业战略调整的手段，也是企业经营管理的日常工作。企业对内部资源进行整合的目的，就是要强壮“筋骨”，提升自己的核心竞争力，具体来说有以下3点：

①要通过组织和协调，把企业内部彼此相关但却彼此分离，既参与共同的使命，又拥有独立经济利益的使用客户整合成一个系统，从而取得“1+1>2”的效果。

②要根据企业的发展战略和市场需求对有关的资源进行重新配置，以凸显企业的核心竞争力，并寻求资源配置与企业内部客户需求的最佳结合点。

③要通过组织制度安排和管理运作协调来增强企业的整体对外竞争实力。整合所有与物流相关的资源，为使用客户提供“一站式”的供应链管理服务。企业内部的物流资源整合是一个以使用客户需求为导向的不断演进的整合过程。

2. 内部资源整合的步骤

内部资源整合可以分为以下 3 个步骤：

①定位企业所在行业及企业自身在产业链上的位置。

②进行内部的资源整合，一般要通过定大计、设组织、明用人、设规范、勤训练、整合外部资源为内部资源等步骤。

③打造自己的核心竞争力，可以采用学习计划、孵化培育、并购整合 3 种策略。

长袖善舞——资源运营

资源在孤立的状态下，其使用和利用价值是隐性的、潜在的。由隐性、潜在的状态变成显性和商品化的状态需要一定的条件。资源运营平台将为企业之间的资源发现和资源利用提供安全、可靠、有效的支撑环境和手段，使得企业群之间的资源交易和流动变得有序和高效。

1. 什么是资源运营

资源运营就是资源的有效流动，可以理解为：通过强有力的中介机构，整合分散在各企业中的、各种不同类型的资源，包括物质资源、信息资源、资金资源和各种无形资源，也可以说嫁接或撬动合作伙伴的潜在资源，以便最大限度地满足社会和市场的需求，在

短期内迅速形成资源优势和竞争优势。

在日益激烈和快速变化的竞争环境下，对资源的综合运营将会更有效地提升企业的竞争优势。物质、信息、资金和知识这4种资源是否有效流动，决定了市场和企业能否顺利发展。因此这种资源运营模式是：以物质流、信息流、资金流和知识流四大资源要素为基础，实现基于组织网络进行的资源集成，特别是利用自身的相对优势资源来撬动外部资源，以获取不可替代的竞争优势。

企业的运营必须充分发挥和利用“自己可支配的一切”，也就是说，应该跳出思维定式在企业资本的狭隘圈子，将所有可以被企业支配并且能有助于企业实现其目的、有助于企业使其所有利害相关者都能受益的一切物质的和精神的、有形的和无形的、企业有产权和无产权的、企业内部和外部的“一切”视为企业运营的资源。

为了与资本以及以往的传统的资源概念相区别，称这个“一切”为全面资源。全面资源论的观点认为，企业的全面资源因其物质的存在性而在客观上或从长期来看是无限且不可列的，但在短期内或在某一时点上由于人们认识上的局限性、客观操作环境下的约束性而使得企业的全面资源是有限且可列的。

2. 资源运营的特征

任何一项资源，它能否成为企业的全面资源必须也只需看它是否具有如下两个最基本的特征：

（1）可以被企业所支配。美国著名创业学专家杰弗里·蒂蒙斯在其著作《蒂蒙斯创业学译丛》中的《资源需求与商业计划》（第五版）的前言中说：“资源与创业者的关系就如同颜料和画笔与艺术家的关系那样。在创作的灵感尚未付之于画布之前，它们显得毫无生气。成功创业者在控制捕捉商机所需的极有限的资源方面有着特殊的态度、战略和技术。对资源的所有权并不是关键，最关键的是对其他人的资源（既包括金钱类也包括非金钱类的资源）的控制和影响。非金钱类的资源通常比大家一般想象的要重要得多。”

因此，企业是否拥有、该资源是否是物质、是否有形、是否存在于企业内部等都无关紧要，这里只强调该资源是否可以为企业所支配。不能被企业所支配的资源即使再有增值价值，也不能被列入企业的全面资源。

（2）有助于企业实现企业目的。换句话来说，就是该项资源对企业而言一定是有用的而且是正的效用。有些资源在短期内可能因企业本身的技术、观念、思维、知识等原因以及企业外在环境的约束等原因而暂时“无用”，但只要预期或相信它将来会对企业“有用”，那么就认为它是有助于实现企业目的的，并且把它归为全面资源的范围。

对企业来说，其全部生产要素都是宝贵的资源，既包括库存、设备、人才这些有形的资源，也包括专利、配方、产权、公共关系、渠道等无形的资源。

3. 如何进行资源运营

如果企业资源没有被利用起来，它们仅仅是资产；可是一旦进入流通领域，就可能通过资源交易，被利用起来，就有可能转化为资本，赚取利润。那么，如何进行资源的运用呢？

（1）价值平台。要运作资源，必须先打造一个价值平台。这个平台必须是标准化、科技化、人性化的，并且具有很强的开放性。

（2）资源运营的两种模式。一种是“轻公司”模式，就是将占

用大量资产的环节如生产、物流外包出去，把自己的核心资源集中在具有更高价值创造力的渠道和渠道管理、品牌传播和产品研发等环节。另一种是虚拟经营模式。在有限的资源下，为了取得竞争中的最大优势，仅保留企业中最关键的职能，而将其他的功能虚拟化——通过各种外力进行整合互补，在竞争中最大效率地利用企业的有限资源。

整合运营：平衡式管理下的效能模式

齐华在一家企业担任顾问。有一天，他开车去4S店保养，坐在休息区等候的时候，他发现休息区旁边多了一处茶艺区域，挂着免费品茶的牌子，摆放着各种品牌的茶叶，其中有不少大品牌，有一个小姑娘在演示茶艺，于是走过去问："喝茶免费吗？"小姑娘说："是的。"齐华接着又问："所有品牌的茶叶都免费品尝吗？"小姑娘说："您想喝哪种，我就给您沏哪种。"

齐华点了一种茶叶，一边喝一边和她聊了起来："你是4S店的吗？"小姑娘说不是。齐华接着又问："你不是4S店的，为什么给顾客免费品茶呢？"小姑娘说，他们是本市的一家茶叶代理商，代理各种品牌的茶叶，他们和汽车4S店合作，4S店免费出一块地方，免费提供水电，他们让顾客免费品茶，如此，4S店通过他们提高了服务档次；顾客如果觉得茶叶不错，也可以和他们达成交易。

齐华好奇地问："你们现在发展了多少家店？"小姑娘说，茶叶代理商目前一共做了4家，销量很不错。齐华问："为什么不多开几家？"小姑娘介绍说，他们只做20万～30万元的汽车4S店，因为开20万～30万元车的大部分都是小老板或小企业家，基本上都是自己来保养车，自己说了算，看好的茶叶说买就买。如果到几万元或者十几万元的汽车4S店，这类车一般以家庭车为主，购买力不行，基本上达不成交易。如果到高档车或者豪华车4S店，购买力虽然有了，但那些来4S店保养的大多都是司机，基本没有购买权，所以也不会达成交易。

听完小姑娘的介绍后，齐华不禁感慨，茶叶代理商与4S店的这种资源整合是多么完美！首先，4S店愿意免费给茶叶代理商提供一块区域，是因为茶叶代理商抓住了4S店想给顾客提升服务品质、提高店面品牌价值的需求，而茶叶代理商则是想通过4S店接触到有购买力的顾客，因为大家都有需求才能谈到一块。其次，茶叶代理商的定位非常重要，为什么不选低档车4S店和高档车4S店，而是选了中档车4S店，因为茶叶代理商知道，开这类车的小老板或小企业家一般都是亲力亲为，茶叶代理商需要的是有购买权的顾客。

通过这件事儿，齐华对自己担任顾问的那家企业的经营情况有了很多新想法。

拆掉“部门墙”，全部门协同作战

如今，很多人都对“部门墙”并不感到陌生。其实，“部门墙”在很多企业都存在，在民营企业更为普遍。以职业人士的立场看，“部门墙”对于企业的危害，是显而易见的。

部门之墙，是一种部门本位主义。在企业中，各部门形成了一个个独立系统，部门之间画地为牢，部门利益高于企业利益。

员工之墙，是一种个人本位主义。在企业中，员工之间缺乏交流、互不信任、思想不能及时跟上公司的发展步伐，工作效率低下，喜欢推卸责任。

部门对于企业来说，就像是器官对于人体，部门工作无效率，企业运行自然就会不顺畅。

1. “部门墙”出现的原因

每个企业都存在“部门墙”，大企业的“部门墙”现象尤其严重，那么，导致“部门墙”出现的原因到底是什么呢？

企业创立初期，可以“十来个人，七八条枪”那样简单运行，

当企业发展到一定规模的时候就会产生部门。管理是有宽度的，一般来说，一个人适宜管理的幅度是 7 个人，超过这个幅度就需要增加管理的纵深，也就是管理层次，于是部门就出现了。

一般来说，员工都能认真履行规定的职责，可是在部门边缘地带和衔接部位经常会出现问题，由于一些人为的工作内容划分、职责设定，就把企业划分成了一个个的部门单元，部门成员就会以部门为中心开展工作。

在工作中，人们经常会遇到这样的困惑：自己已经很努力、很尽职了，可以依然不被理解，尤其是企业管理职责的部门，一不留神还会让自己的努力招来其他部门的抱怨。工作的交叉部位、衔接部位，不是产生争议，就是放在那里无人过问，出了问题落实不清责任，各人都认为自己有理、都觉得自己委屈。

其实，这种状况就是一种被称为“部门墙”的东西所致。这面“墙”看不见、摸不着，但确确实实地存在于我们心里。

2. “部门墙”的拆除方法

在企业的运行过程中，“部门墙”是一个很大的障碍，只有拆掉“部门墙”，运行才会更高效。如何来拆除“部门墙”呢？

（1）强力推进组织变革。如何推进组织变革呢？通常要经过以下 3 个步骤：

第一步，搞清楚企业的“老板病”。一般情况下，之所以会出现严重的“部门墙”，与公司的经营导向有着密切的关系：要么没有导向，脚踩西瓜皮，滑到哪里算哪里；要么经营导向不明确，说得好听是追求赢利最大化，但如何追求不明确。

第二步，摸清企业的“结构病”。从经营业绩、组织管理、人事信息3个方面，检讨企业的结构病症状。一般情况下，“部门墙”反映出了严重的结构病症状：效率低下，业绩徘徊；权责模糊，推诿指责；建议减少，抱怨增加；人才流失，庸才当政；等等。

第三步，推行企业的组织变革。以业绩为导向，以目标为手段，以考核为核心，重新设计组织结构，将只说不做、光说不练的庸才踢出企业，引进德才兼备者充任重要岗位，授之以权，授之以责，大刀阔斧加以改革。

（2）强力推进洗脑工程。所谓“洗脑”就是更新观念，更新思维模式。一般的管理培训，对于“部门墙”厚重的企业是毫无意义的。这个时候，就要出重拳、下猛药、支狠招，可以使用的方法有两个（见下表）：

推进洗脑工程的方法

方　法	说　明
高管优先脑力振荡	高管要参加一些专业培训机构的拓展训练，先洗“大”脑，让其优先接受脑力振荡，而非通常意义上的“脑力激荡”
中、高层同步拓训	针对企业的“部门墙”病症，设计一些针对性极强的拓训项目，如共进退、盲人阵、七巧板、背摔、空中桥、过电网、毕业墙等，组织中、高层集体参加，打乱日常领导序列，平等参与，老板压阵 在拓训实施中，每完成一个项目后，要让参与者结合工作、生活进行检讨、报告；拓训完成后，上报拓训感言，编辑成册，张榜公布，加以巩固

（3）强力推进流程重组。产生“部门墙”的核心原因，是公司的管理不系统、流程不畅顺，管理混乱。解决这个问题的不二法门是进行流程重组（BPR），但要注意这样几点：老板亲自参与，聘请专人或专家，从管理诊断入手；从系统设计开始，用6~8个月的时间，

设计流程，制订规则，明确权责，强力实施；BPR 项目必须结合目标管理进行，目标管理必须结合目标经营展开；消灭内部反弹，“部门墙”严重的企业，一定会出现极大的抗拒，老板要下定决心，发挥魄力，倾听各种意见，鉴别老人心态，压制反弹意见，消灭执行阻力。

以上方法对于拆除“部门墙”都有着重要的意义。只要运用以上 3 招，“部门墙”一定会被彻底铲除，会让企业呈现欣欣向荣的局面。需要注意的是，这 3 招必须结合使用，才能发挥出最好的效果。

3. 拆除“部门墙”的各级职责

在任何一个企业中，其成员都是由企业决策层、部门负责人和工作人员组成的。那么，各级人员如何来拆除“部门墙”呢?

作为企业决策层，要清醒地认识到“部门墙”的存在和危害性。在企业机构设置初期就要尽可能扁平化，减少层次，减少环节，减弱“部门墙”的作用；部门职责划分不要过于刚性，要留一些自由发挥的空间，尤其要规定好部门工作边缘地带和衔接部位的各自职责，尽可能使工作在部门之间流程化；对不能由一个部门单独来完成的工作，要组织临时性跨部门任务小组来完成。

作为部门负责人，对“部门墙”的产生负有主要责任，在考虑工作时，一定要有全局意识，对全局工作有个深刻的了解，认清全局的主要任务目标，以及自己部门在工作环节中所处的位置和应发挥的作用。

有的部门负责人只懂得机械刻板地履行职责，为什么这样做，谁需要这样做，对别人有什么帮助，对企业发展有什么好处，这些都不甚了然，结果自己干得苦恼，带给别人的是烦恼。领导只有理解认识了部门工作，才能恰当合理地安排工作，分设职责，分配任务，部门作用和效率才能得以发挥。

作为工作人员，其日常工作支撑着部门的正常运转，也需要做到身处一隅，心系全局。很少有具体工作只与本部门相关，不涉及、不影响其他部门的人和事。

企业是一个由具有不同职责的部门组成的协调运行的系统。要想了解自己的工作怎样发挥作用，就要深入了解与自己工作相关的其他部门的工作流程和内容。因此，领导者要把一些重要岗位管理人员派到不同岗位锻炼，让他们熟悉相关岗位的工作内容，这对拆掉"部门墙"大有益处。

全员化营销，从员工到总经理每个人都是销售员

在很多中小企业里，都会存在这样的问题：销售部门和综合部门之间似乎总是有说不完的矛盾。销售部门依仗自己为公司创造直接经济利益的重要地位，总是对综合部门横挑鼻子竖挑眼；而综合部门在辛辛苦苦为销售服务的同时，却拿着一成不变的工资待遇，还要受到销售部门的指责，于是就会利用自己手里仅有的一点权力实施"反击"。结果，公司内部经营不顺，企业策略执行打折，影响企业的发展。

其实，中小企业相对大企业最大的优势就是人员少、灵活、高效、便于管理，而其致命硬伤则在于过分强调业务的重要性，忽视了企业流程化责任管理。其实，要想解决企业内耗产生的诸多问题，可以直接引入"全员营销"机制。

全员营销是一种以市场为中心，整合企业资源和手段的科学管理理念，很多大型工业企业采用后都取得了不凡的成效。那么，什么是全员营销呢？它指的是企业对企业的产品、价格、渠道、促销、需求、成本、便利、服务等营销手段和因素进行有机组合，整合营销手段，实行整合营销。同时，研发、生产、财务、行政、物流等各部门统一以市场为中心，以顾客为导向开展工作，实现营销主体的整合。

1. 海尔的全员化营销

海尔认为，企业有内外部两个市场。内部市场就是怎样满足员工的需求，提高他们的积极性；外部市场就是怎样满足用户的需求。在海尔内部，下道工序就是用户，每个人都有自己的市场，都有一个需要对自己的市场负责的主体。

下道工序就是用户，他就代表用户，或者他就是市场。每位员工最主要的不是对上级负责，而是对自己的市场负责。市场链机制为“SST”（两索一跳，即索酬、索赔、跳闸），所谓“索酬”就是通过为服务对象提供好的服务而获得报酬，如果达不到市场的要求则要被索赔；如果既不索酬又不索赔，第三方就会跳闸，出现问题。在这种机制下，海尔内部就涌现出了很多“经营自我”的岗位老板，他们像经营自己的店铺一样经营着自己的岗位，在节能降耗、改进质量等方面做出了卓越贡献。

营销部门以4C理论为指导工具，实现客户满意最大化。4C即Customer（消费者）、Cost（成本）、Convenience（便利）和Communication（沟通）。销售部和市场部紧密结合，通过制定锐利的营销组合策略，最大限度地提高营销力。在全员营销的理念指导下，传统的产品、价格、渠道、推广等手段有了丰富的深刻意义。

企业的研发、生产、财务、行政、物流等职能部门必须以市场为核心，各项工作都要服务于营销部门的工作，非营销部门的工作应以市场观念来规划本部门的资源，充分发挥部门职责，推动公司的整体利益。非营销部门员工可以开展营销实习，帮助员工理解营销的工作实际，进行换位思考，提高整体协调性。

在全员营销理念的引导下，部门之间是老板与顾客的关系，建立“内部市场”，在服从公司整体利益的前提下，必须让“顾客们”，尤其是营销部门的满意程度最大化。这时，可采用4C营销理论来指导各部门的工作。各部门的职能是尽量给其他部门提供服务和支持，而不是各自为政，让别人来适应自己的条条框框。

为了使本部门的“顾客”获得“满足需求”的便利，各部门应该主动调整工作流程，并建立与其他部门的流程接头。各部门为了便于配合，应付不断出现的新问题，需要进行及时的沟通，因而需要建立通畅的沟通渠道和科学的沟通制度，沟通机制便于企业内部加强协调性，避免了相互指责、推诿责任。

内部市场进一步具体化，可以引导企业建立“内部虚拟市场”，即把企业部分职能部门独立化，彼此间的工作成果市场化，引入外部竞争单位，将部分业务外包；同时，各单位要向社会提供服务，通过内部工作与社会接轨，提高内部单位的运作效率，提高企业整体的工作效率。内部虚拟市场对于大型工业企业有着十分重要的意义，便于企业控制成本和提高反应速度。

2. 企业如何进行全员化营销

所谓“全员营销”，就是充分调动每位员工的积极性和突出能力，参与到企业的日常经营工作当中，打破固有的销售和综合脱节

的弊端，将企业人力资源优势发挥到极限，从而提升经营效率。具体来说，需要做到以下几点：

（1）建立全员营销的意识。要想进行全员化营销，首先就要在企业内部形成一个良好的认识，不能单纯地将销售看作是业务人员的事情，而应该将公司所有员工都纳入公司的销售体系。

例如，可以在企业内部建立一种员工良性流动机制，鼓励员工实现岗位流动，把最合适的人放在最适合的岗位，不合适的人逐步淘汰出公司员工队伍，充分发挥员工的优势，实现优胜劣汰。

同时，可以组织各种与销售相关的内部活动或研讨会，真正地把整个公司融为一个有机整体，鼓励大家多关注公司的业务开展进程，了解整个行业的情况和先进的模式；还可以结合公司实际情况进行探讨，为公司的销售会诊把脉。

（2）合理规划部门和职责。在公司内部的构架划分上，首先避免业务部和后勤部等明显的划分，应该逐渐整合成大部制。比如，将企划、售后服务等与销售联系紧密的部门逐渐编制到一起，统称营销部，统一接受营销总监或销售总经理的领导，实现与销售业绩挂钩的考核模式，最大限度地提升相关部门的工作积极性。

同时，也可以创造性地使用一种特殊部门配置机制。中小企业一般都人员较少，部门建制也不全面，可以实行部门兼职的模式，来提升业务相关部门的实际操作能力。

（3）提升员工的专业程度。做任何工作，首先你得做成专才，才有可能取得成功。对于参与全员营销的所有员工来讲，也要做成专才，如此才会在营销会战中取得成功。

作为企业的员工，需要掌握的专业知识包括以下几个方面：首先，产品知识。无论是业务部门员工，还是其他部门的员工，都必须要牢固掌握产品知识。其次，关于行业的政策法规、发展动态、行业趋势等信息。这些信息会直接影响产品的渠道、价格等，是企业策略调整适应的依据。同时，对行业重要信息的把握，也可以在与客户或同行交流过程中提升自己的专业程度。最后，企业产品所在渠道方面的专业知识。对于员工来说，要掌握渠道变化趋势，了解先进的渠道操作模式，关注渠道中优势产品和优势企业的市场经营情况，并对照自己企业的情况予以改进调整。对于企业来说，不仅要找机会请有丰富经验的渠道专家进行培训，还要增强相关营销人员接触市场的机会。

（4）制定完善的激励机制。要使得公司员工真正理解“全员营销”的内涵，并积极主动地参与其中，就要采取合适、高效的激励机制。这种激励机制要建立在公平、公正的基础上，保证在制度面前人人平等。

为了鼓励大家参与公司经营计划的讨论，在具体的措施选择上，可以设置最佳提案奖。一旦员工的建议被采用，企业要根据提案的实际意义和价值，授予员工物质和精神方面的奖励，鼓励更多的人参与到对公司经营活动的关注上，开动脑筋提升对销售活动的认识。

另外，还要进一步完善实际业务的提成奖励等机制。要想让全员参与到营销工作当中来，就要改变原有的单纯按照销量实施奖励的机制，要将销量的全额奖励根据在营销工作中承担责任的不同实施阶梯形发放，让参与到业务工作中的每一个人都清楚自身对业务的贡献值。

3. 可以采用的全员化营销类型

营销是由一系列“过程”组成的，是由一系列的“活动”组成

的。营销，就是要做一系列事情，对他人的观念和行为造成影响，达到推广商品和服务的目的。

可以采用的全员化营销类型有6种，如下表所示：

全员化营销的6种类型

类　型	说　明
人人营销	企业中的每个人都要有“营销意识”，有“服务意识”，都要结合自己的工作，参与营销活动，为客户服务，包括内部客户和外部客户。比如，在业余时间，生产部可以发布信息宣传，以最快的速度、保质保量地做好商品制造、包装和发货工作，这些都是为营销服务；技术部则要积极研发、引进、改善合适的商品，积极解决客户的难题，给客户以积极的影响
事事营销	把每件事情都与营销联系起来，每件事情都要争取对营销起到积极的促进作用，做每件事情都要想着营销，每件事情都与营销挂钩，每件事情都要注入“营销”的灵魂
时时营销	任何时间都要想着营销，思考营销，研究营销，学习营销，都要做一些力所能及的有利于营销的事
处处营销	不管去任何地方，都要想着营销，思考营销，研究营销，学习营销，都要根据实际情况，进行适当的宣传推广活动，让营销深入到脑海中，成为我们的潜意识
内部营销	在企业内部，要利用一切事件、一切机会、一切场合、一切可能持续宣传企业文化，持续宣传“服务意识”和“营销理念”，加强沟通，培养全体同命的“服务意识”和“营销意识”。同时，还要在企业内部形成“客户意识”和“服务意识”，按照业务流程，按照服务关系，上道工序为下道工序服务，下道工序是上道工序的客户
外部营销	面对社会各界，包括政府职能部门、新闻媒体、社会团体、供应商等，都要积极宣传，宣传商品，宣传文化，宣传企业

总之，企业存在的价值和意义就是为了“客户”服务，营销的目的在于：第一，让目标客户知道我们；第二，让目标客户认识我

们；第三，让目标客户认同和接受我们；第四，要与目标客户建立起“健康长久的合作关系”。营销活动的目的，就是“让支持我们的人越来越多，反对我们的人越来越少”。

全员化管理，企业管理，人人有责

优秀的企业必然有优秀的企业文化，而企业文化正是塑造企业竞争能力的重要力量。企业管理，人人有责！

2008 年 3 月，劲牌公司颁布了《公司合理化建议管理制度》，4 月设立了合理化建议网上提交平台，员工可以方便地随时提出自己的意见和改进思路。截至 5 月 25 日，网上合理化建议系统共收到建议 64 条，其中绝大多数为综合管理类工作意见，涉及培训、环保、资源、健康、信息化等各个方面，而各相关部门对意见的采纳率达到 47% 以上。

为了广开言路，使员工能够积极参与企业管理，企业管理部门还对提出合理化意见的员工进行了奖励，除通报表扬之外，还包括现金奖励。

其实，早在 2000 年，劲牌公司就提出了合理化建议这个说法，鼓励员工献计献策。2006 年 10 月，《劲牌酒厂全员参与管理实施办法》颁布，更加调动起了基层员工的积极性，员工针对生产线上作业和管理提出的改进意见，为企业创造了不少经

济效益。

2007 年 7 月，营销中心“合理化建议电子邮箱”启动，也受到了各地办事处、市场人员的密切关注，员工的主人翁意识与日俱增，“企业管理，人人有责”的观念也逐渐深入人心。

海纳百川，有容乃大！当一个企业中的绝大多数员工被发动起来，使得企业在很短的时间里陆续获得大量合理化建议时，才是合理化建议制度真正面临挑战的时候。此时，管理部门是否有魄力处理这些提案，并完成落实，就显得尤为关键了。

为了能够更好地让“合理化建议”贯彻落实下去，让企业可以听到不同的声音，企业管理部可以对已经采纳或部分采纳建议的落实情况进行跟踪考核，同时要求各部门在规定的工作日内对收到的合理化建议进行及时回复。

其实，所谓的合理化建议都是些在工作中总结出来的小经验，平时有些想法不知道该向哪些部门提，有时效果也不佳，缺乏跟踪性，有了合理化建议这个平台，就可以畅所欲言；而且，看到自己的意见被采纳，员工就会觉得很欣慰。

鼓励员工提出合理化建议，或许有人认为这是没事找事，或许也有人认为这是得罪人，吃力不讨好。然而，良药苦口利于病，忠言逆耳利于行。随着公司的发展，跨部门的合作也越来越多，工作的改进需要每个人群策群力，而不是各扫门前雪。更何况古人有云：“不识庐山真面目，只缘身在此山中。”“当局者迷，旁观者清。”只有大家积极主动地参与企业管理，不断地改进工作中的不足和盲点，企业才能更健康地成长。

虽然说企业文化不是强加给人的，而是人们自觉自愿接受的，但让员工自己来感受文化，认同文化，其效果才更加显著。让全体员工献计献策，参与公司管理，不仅可以提高公司的管理水平，听到不同的声音，还能提高员工的主人翁精神。

1. 全员参与的条件

要使全体员工都参与到实现公司方针目标的活动中，领导应做到：带头参与，激励员工参与；扫除员工参与的各种障碍，包括组织障碍和思想障碍；为员工参与创造条件；对员工参与后做出成绩给予评价和奖励。这四条，就是全员参与的环境条件。比如，改善提案是实现全员参与最简易可行的制度，但许多企业会流于形式。

有家公司大力推动改善提案，总经理要求每人每月 1 件，并四处贴出标语鼓励“全员参与提案”，结果 3 个月下来，勉强达到每月 0.1 件。总经理的兴致逐渐减弱，但依然强作愤怒，要求追查责任，结果科长及以上主管干部都没有提案，员工则嘲讽这是“全体作业员参与提案”。

要做到全员参与，必须正确对待所有的员工。从组织领导的思想认识到组织的规章制度，都不能将员工当作“机器”或“奴隶”，应当把员工视为组织最宝贵的财富、最重要的资源，在管理思想上来一场革命。如果没有生产经营观念的彻底转变和管理意识的彻底更新，即使有制度、有形式，全员参与也是不可能实现的。

管理者，小至班组长，大至部长、厂长、总经理，是否做到上情下达、下情上达，体现了全员参与的程度，管理者如果在心中装着全体员工、装着工作，全员参与是很容易实现的。

2. 全员参与的方法

进行全员参与的方法有哪些呢?

(1)目标管理。员工与管理者共同参与目标的设定与选择,并对如何实现目标达成一致意见。目标管理是一个管理系统,也是一种过程管理,建立在强调自我控制、自我指导的基础上。日标管理是全员参与管理的一种形式,在性质上体现了系统性和“以人为本”的主动性管理。

(2)现场管理。在现场管理中,班组建设民主管理是全员参与机制的基础和内容。班组是员工参加日常管理活动的主要场所和企业各项工作的落脚点,企业的一切工作最终都要通过班组活动去实现、去完成。在班组工作中实施自主管理,可以扩大员工的自主权,增强员工的主动性,实现全员参与,实现自己管理自己。

(3)开展改善提案活动。合理化建议是广泛的群众性活动,简单易行,成本低廉,效益显著,有利于敞开员工参与的渠道。必要时,公司还可公开征求员工的意见和建议。

(4)建设质量管理小组。这是企业中群众性质量管理活动的另一种有效组织形式,是企业员工参加现场质量管理的核心。企业质量管理工作的改进和产品质量的提高,其中一个很重要的环节,就是开展质量管理小组活动。

其实,除了上面的这4种,全员参与还有很多形式方法,比如,设置质量改进课题,进行招贤榜、课题招标;开展劳动竞赛,评选优秀员工;开展各类质量活动、安全活动、成本活动;通过员工代表会议,或由普通员工参与的企业管理小组(或委员会),鼓励员工探究企业问题,反映企业民意等。

全员化执行，执行不到位不只是员工的责任

执行力是企业经营成败的关键！只有企业具有良好的管理模式和管理制度，再加上言出必行的带头人，才能够充分调动全员的积极性，执行才能够落实到位。

企业的执行力是一个系统、组织和团队，执行力的好坏是企业管理成败的关键因素。企业要想在市场竞争中独占鳌头，就必须确保企业拥有一流的执行力。

执行力是指贯彻战略意图，完成预定目标的操作能力，包含完成任务的意愿、完成任务的能力、完成任务的程度。对个人而言，执行力就是办事能力；对团队而言，执行力就是战斗力；对企业而言，执行力就是经营能力。

1. 执行不到位的原因

很多企业都抱怨说，员工在工作中完成工作任务时经常会不及时、不到位、不彻底，给企业的管理、生产、经营都带来了很多麻烦。为什么会出现这样的情况？一般情况下，主要包括以下几个方面的原因（见下表）：

执行不到位的原因

原　因	说　明
企业规章制度不完善	有些企业规章制度不健全，员工在工作中缺乏可执行的标准，员工在工作中不知道要干什么，能干什么。一些企业经常修改各项制度，但由于信息沟通不畅，使员工无法了解和熟悉，造成工作与企业的要求脱节
责任落实不到位	有些企业有明确的规章制度，可是由于责任不到位，经常出现执行不到位的情况。有些企业虽然已经建立了责任追究制度，但因人际关系等各种原因不予追究责任或忽视追究，责任没有落实到人，使员工产生一种错觉，认为企业的规章制度只是摆设，执行效果大打折扣
认为干好干坏一个样	这一点在国有企业尤为突出，由于国有企业本身的特性，在绩效考核、人事安排、任务布置等方面存在着公平度和公开度不够的现象，使员工认为做好做坏都只是领导的事情，与自己没有关系
员工感觉不到在企业中的希望	很多企业在管理中采用的是粗放式经营，对于员工不够尊重，对于企业的共同愿景没有一个清晰的表述，员工感觉不到自身在企业中的价值，感觉不到企业是否有光明的前途

2. 如何提高执行力

关于如何提高执行力，很多学者根据不同的观点提出了许多卓有成效的方案和意见。其实，执行力最大的问题在于责任方面。责任制造结果！责任决定成败！一个企业没有合理的责任划分，没有清晰的责任落实，没有明确的责任追究，一切执行都只是空谈而已。只有真正将责任落实到个人身上，落实到每个岗位上，才能确保企业的工作高效，执行到位。

具体来说，提高执行力需要做到以下几点：

（1）确保合理的责任划分。企业在制定规章制度，特别是制定岗位职责时，如果缺乏科学的态度和标准，以主观臆断评判岗位职责的重要性和复杂性，容易造成责任划分不合理，使部门、员工对于规章制度产生一种潜意识的排斥和不信任。

企业在制定规章制度的时候，要多多听取部门的想法、员工的意见，在科学考证的基础上，根据企业的实际情况，遵循公开、公平、公正的原则，制定出企业的各项规章制度。

（2）确保清晰的责任落实。很多企业有相当规范、完备的规章制度，但也陷入了执行不力的境地。这是因为企业只制定了规章制度，却没有从根本上将规章制度作为企业管理、运转的标准，结果每个人身上的责任都不明确，每个岗位的工作责任不清晰，每个部门的工作责任不确定。

规章制度只是一种形式上的约束，关键还是在于责任的落实。企业要真正将规章制度落到实处，执行到位，确保清晰的责任落实；要把责任具体落实到每个部门、每个岗位、每个员工，使他们对于自己的责任有个清晰的认识，对于不履行职责有什么的处罚有全面的了解。

很多企业的岗位设置以及岗位职责通过规章制度予以清晰的表述，但是在工作实践中，经常会出现同岗不同劳的现象，有些员工做的事情多，责任重；有些员工则无事可做，责任观念淡薄等，这样势必会造成员工的不满情绪和排斥心理。企业要把责任具体、科学地分解到每个员工身上，让每个员工都有具体的责任，而不是一锅饭一起吃，让做事的人流泪，闲逛的人高兴。

（3）确保明确的责任追究。有过错不追究，睁一只眼，闭一只眼，这是很多企业在管理中出现的问题。之所以这样，是因为抱着多一事不如少一事的心态，或是觉得反正是公家的事情，搞不好会

破坏和同事的关系等。有了这样的心态，企业在进行责任追究的时候往往是雷声大、雨点小，到了地上就没水。

这种现象最大的弊端就是，向员工发出一个错误的信息，使员工对于企业的威信和信赖大打折扣，对企业的管理和未来抱有怀疑态度，从而在工作中也养成对工作不关心、责任落实不到位的情况，如此势必会形成恶性循环。

因此，企业应该一视同仁，有错要罚，有功要奖；同时要告诫所有员工，企业不是养老院，也不是托儿所，更不是休闲中心，每个人都应该为犯的错误承担相应的责任，为没有完成的工作而接受惩罚。

要想将执行不到位这个问题在短期内加以改善，关键在于看企业对于执行力这个问题的看法，在于企业是否愿意从根源挖出制约企业执行的毒瘤。如果企业天天喊执行困难，但是依然没有实质性的举措，那么能否生存下去都需要打个问号。解决执行不到位的问题，没有捷径，只有脚踏实地、一步步地划分责任，逐一落实，严格追究，方能确保企业的执行难问题得到根本完善和解决。

第六章

整合人才：不怕神一样的对手，只怕猪一样的队友

电影《天下无贼》有句经典台词："21 世纪什么最贵？——人才。"

安德鲁·卡耐基说过一句话："带走我的员工，把我的工厂留下，不久后工厂就会长满杂草；拿走我的工厂，把我的员工留下，不久后我们还会有个更好的工厂。"从来没有一家企业是靠机器发展起来的，机器、厂房、设备这些东西花钱都买得到，但是人力资源却需要慢慢培养、开发。

所谓人才整合，就是将各种人才及其特长有机地融合起来，为实现企业的共同目标而协力奋斗。人力资源是企业生存发展的最主要的资源，品牌、资产、文化、市场和客户的整合全靠人力资源实施，没有出色的人才整合能力作保障是难以完成并购整合重任的。

缺什么补什么，补什么得什么

如今，“人才”一词越来越时髦，几乎每个企业都在提倡“以人为本”，都在宣扬“重视人才”“吸引人才”。春风电气有限公司也不例外。

在春风电气有限公司，无论是公司企业文化宣传栏，还是员工手册上都赫然写着“以人为本”。当然，老板也很重视“人才”，尤其在招贤纳士方面毫不含糊：给优秀人才提供优厚的薪资和广阔的空间！公司人力资源部负责招聘的几个人也很“卖力”，终日不停地在忙招聘。可结果往往是，人力资源部看中的人选被用人部门否决，或者用人部门相中的目标人力资源部“挖不来”，再者好不容易招来的人才熬不过试用期就借故换了家公司。久而久之，老板就对人力资源部心存不满，究竟是哪个环节出了问题呢？

由于业务的扩张岗位新增及岗位流动补缺，春风电气有限公司的招聘工作是一个日常而重要的工作，在就业状况如此严

峻的背景下，很多企业却总是招不到“合格”的人才，看似简单的事情却成为工作瓶颈。

春风电气有限公司的情况很普遍，很多企业的老板和管理者抱有这样的思想：“三条腿的人不好找，两条腿的人到处都是。”可是要知道，老板或需求部门这样说无非是基于“为什么我们要的人总是迟迟到不了位”，这么多人找工作怎么就招不到“合格”的人呢。其实，他们是在抱怨人力资源部工作不得力。

如果问一位人力资源从业者，工作中最头疼的事情是什么，对方或许都会回答你两个字：招聘。众所周知，企业的竞争，归根结底是人才的竞争，而招聘则是企业补充人才最基本、最重要的手段。因此，很多企业的竞争力在很大程度上是由它的招聘能力所决定的。

1. 哪些招聘思路把人才挡在了门外

尽管招聘对一家企业如此重要，很多企业还是感到招聘“难”。多数时候，企业常常把“招聘难”归于外因，而很少意识到，这种“难”也许是由于自己的招聘思路、招聘方法不恰当而导致的。

如何避免人才被挡在门外，需要在以下几方面调整思路：

（1）发现“不合格简历”背后的合适人选。合适的人才早在筛选简历时就被淘汰了。这个浅显而不被重视的问题，出现在很多企业的招聘过程中。

国内某大型公司人力资源部苦于招不到人，手上的简历大多不符合公司标准。无奈之下，决定举办一次现场招聘，意外地发现，录用的人竟然很多都是先前筛简历过程中被淘汰掉的人。

为何企业当初会“误杀”人才？该公司人力资源部总监后来发现，问题正出现在筛选简历这一操作环节上。在招聘需求下达后，招聘专员往往会按照岗位说明书所罗列的各项要求，逐一筛选、淘汰。到最后，找不出几份简历是“合格”的。

招聘不要局限岗位硬性条件，岗位说明书限制的条件太多，看似要求很专业，实则很容易将适合的人才拒之门外。

有家外销转内销企业，公司资产规模为2～3亿元，其外销售额规模达2亿元以上。决定招聘一名总经理，结果招聘了很久也没有效果。后来，企业放弃了学历等硬性条件，广泛撒网，在不到一个月的时间内，仅仅花费了10万元年薪就招聘到了合适的人员。该总经理初中毕业，35岁，有过15年的家居行业工作经验，是在原家居行业从生产工人做到副总的。

这样的人一般都肯吃苦，愿意从一线做起。原来是做工人的，学历不高，会懂得珍惜机会，韧性比较强。在原先单位做副总，来这里做总经理，对他而言，是一种提升。

如今，“寻找最优秀的人才”成了很多公司的招聘原则。其实，他们犯了一个很大的错误，最好的不一定适合企业，只有适合企业的才是最好的。

（2）聘用最近的“千里马”。企业做招聘，往往把寻找人才的重点放在了外部，而忽视了企业内部人才资源的盘活。究竟是什么原因让老板们有“缺乏人才”与“人才难觅”的感叹呢？其中一个原因是，在老板的头脑中有“熟悉的地方没风景”的意识误区，对身边的人看久了，所看到的大都是缺点和不足，特长和潜能却视而

不见。因此，身边的人才就被忽略了。

从企业内部选拔人才，按理说应该容易得多，毕竟天天在一起工作，很了解。可是正因为了解得多，不少领导者难免就会步入一种误区，看到的都是“马”的缺点——骨瘦如柴，饭量太大等。而在明智的领导者眼中，企业里只要好好培养，好好激励，千里马满眼皆是。

作为企业管理者，该怎样来盘活内部人才资源呢？第一，要把人才放对位置。第二，建立“重视人才”的文化和“出人才”的机制。第三，建立并完善人才的激励机制。第四，管理人员不能充当企业“人才杀手”的角色。同时，人才自己也要有主动自我盘活的意识和方法。

（3）靠吸引，不靠招聘。企业的招聘失败率一般比较高，特别是招聘中高层人员，失败率高达60%～80%。招聘高端人才，是招聘中的一大难题。他们在哪里？企业如何笼络到这些人才？

SAS研究院人力资源部主任杰夫·钱伯斯曾说：“那些最好的人才并不打算改换工作，这意味着那些正要找工作的人不是最好的人才，那些找你当雇主的人——而不是你去找他们——在某种程度上都是一些二流人才。”

一流人才是“企宝”，被企业层层包裹起来，外界很难攻破。他们或许不会出现在招聘网站或招聘市场上，但这仍不妨碍他们成为猎头公司所锁定的“猎物”。

一流人才，不是招聘来的，而是吸引来的。他们各有特色，却都并不将金钱看得最重，而是注重尊重与自我实现。因此，企业只有营造良好的企业文化，种好梧桐树，方能吸引金凤凰。

2. 招聘要有的放矢

如果企业要发展进步，就必须不断地从外部吸纳人才。而招聘，就是企业根据自身的人力资源规划和工作分析的要求，寻找、吸引那些有能力又有兴趣到本企业任职的人员，并从中选出适宜人员予以录用的过程。那么，如何选择与企业发展相配备的人才，怎么去招聘，怎样才能使招聘更有效果呢？

（1）建立规范而科学的招聘流程。首先，要在科学合理分析企业各部门情况的前提下，确定招聘的职位数量与需求人员的合理化选择，制定一个符合企业长期发展的策略。其次，完善企业的招聘流程，包括人员需求调查、人力资源规划、选择招聘信息和渠道、实施招聘、筛选简历、确定面试人选、实施面试与甄选、人事决策、确定录用人员。这些环节相辅相成，每个环节都要有详细的计划、标准或说明，以保证工作的有条不紊，提高招聘的质量和效果。

（2）招聘的标准要明确而合理。招聘标准要灵活变通，招聘岗位是否需要经验和学历要根据岗位需求来定。要明确选聘标准，首先是对职位进行准确的分析描述，确定关键的考核点，找到合适的人才是关键。其次，招聘的时候，要关注求职者个人参与这份工作的意向和热情，这甚至比哪个人能否从事这项工作更重要。招聘人员在了解求职者个人技能的同时，更要努力去发掘喜欢做这个工作的人，如此人岗匹配才能达到皆大欢喜的效果。

（3）选择合适的招聘队伍并重视招聘人员。招聘队伍是代表公司形象的一面旗帜，他们直接宣传了企业的形象，他们对人才的选择也决定了招聘的质量。招聘人员需要公正无私而有眼光，也需要对本公司很熟悉，言行举止要能代表公司企业文化。如果想拥有高

素质的招聘队伍，企业需要对招聘人员进行全面的培训，培训的内容包括公司的文化、面试的技巧、各岗位的要求及变化、招聘部门的作用和职责、招聘的渠道、招聘的流程、心理学知识等。

(4) 选择适当的可行的招聘渠道。企业需要对不同的职位采取不同的渠道，比如，高级管理人才的招聘，可以通过猎头进行筛选、预约招聘；中级管理人才的招聘，可以通过网上招聘、现场招聘会、报纸招聘广告等方式进行；而技术开发、经营销售、财务操作等专业人才的招聘，可以采用校园招聘、网络招聘等方式；辅助人员的招聘，可以选择网上招聘或参加人才市场的招聘会。

聘用——招聘有资源之人，借为我用

在竞争越来越激烈的今天，公司的竞争实力主要来自拥有一批高素质的员工队伍，他们是企业的宝贵财富，是企业成功的关键。如何有效地激发员工的积极性，使员工更加忠诚于企业，尽心尽力地完成工作，是每一个企业领导者希望解决而又经常不得要领的一个问题。那么，如何来招募有资源的人，为我所用呢？

1. 充分了解企业的员工

作为管理者，要充分地认识员工并不是一件容易的事。但是管理者如果能充分理解自己的员工，工作开展起来会顺利得多。

俗话说“士为知己者死”。一个能够充分了解员工的管理者，无论在工作效率，还是人际关系上他都将会是个一流的管理者。

了解员工，根据了解程度不同，分为3个阶段：

①了解员工的出身、学历、经验、家庭环境以及背景、兴趣、专长等；同时还要了解员工的思想，以及其干劲、热诚、诚意、正义感等。

②当手下员工遇到困难，你能事先预料他的反应和行动，并能恰如其分地给员工雪里送炭，这就表明你对员工的认识更进了一步。

③知人善任。能使每个员工在其工作岗位上发挥最大的潜能。给自己的员工足以考验其能力的挑战性工作，并且在其面临此种困境时，给予恰当的引导。

总之，管理者与员工彼此间要相互了解，在心灵上相互沟通和默契，这一点对一个中小企业的管理者来说尤为重要。

2. 聆听员工的心声

中小企业的管理者都有强烈的自我主张，这种倾向一方面有助于果断、迅速地解决问题，但另一方面也会使管理人员一意孤行，听不进他人意见，导致决策失误。

在企业的管理中，聆听员工的心声，也是团结员工、调动员工积极性的重要途径。一个员工的思想出了问题，会失去工作热情，要他卓越地完成你交给他的任务是不可能的。这时，作为管理者，应耐心地去听取他的心声，找出问题的症结，解决他的问题或耐心开导，才能有助于你的管理目标的实现。

对待犯错误的人员，也应当采取聆听的办法，不应一味地责难

他们，而应给他们解释的机会。只有了解个别情况后，才能对症下药，妥善处理。

3. 管理方法经常创新

管理员工就像开汽车，司机在开车时需小心地看着指示器和路面，路面有新的变化，指示器的指针有变化，他就应转动方向盘，防止翻车撞人。

管理人员要让其员工在指定的轨道上运行，就要仔细观察、经常调整，以防止其出现偏误。在稳定的大企业中，管理者要多注意员工的各种变化，在基本管理框架内灵活地运用各种技巧管理下属。管理者要不断采用新的方法处理员工管理中的新情况，就必须要有超越陈规的意念和能力。

20 世纪 70 年代末 80 年代初，福特公司的经营思想日渐保守，公司业绩步步下滑，最后滑到了亏损的边缘。艾柯卡出任克莱斯勒总裁后，积极开拓创新，激发了员工的干劲，不到两年，终于使濒临破产的公司奇迹般地起死回生了。

4. 德才兼备，量才使用

“尺有所短，寸有所长”，每个人在能力、性格、态度、知识、修养等方面各有长处和短处。用人的关键是适用性。为此，作为管理者在用人时，先要了解每个人的特点：有的人工作起来利落迅速；有的人谨慎小心；有的人擅长处理人际关系；有的人却喜欢独自埋头在统计资料里默默工作。

在许多企业的人事考核表上，都有一些关于处理事务的正确性、速度等评估项目，能够取得满分者才称得上是优秀的职员。作为一个管理者，不仅要看到人事考核表上的评分，更重要的是要在实践中观察，结合每个员工的长处给予适当的工作，再从他们的工作过程中观察其处事态度、速度和准确性，从而真正测出下属的潜能。如此，管理者才能灵活、有效、成功地管理他的员工，使事业蒸蒸日上。

5. 淡化权力，强化权威

对员工的管理最终要落实到员工对管理者，或下属对上司的服从。这种领导服从关系可以来自权力和权威两个方面。

管理者地位高，权力大，谁不服从就会受到制裁，这种服从来自权力。

管理者的德行、气质、智慧、知识和经验等人格魅力，使员工资源服从其领导，这种服从来自权威。

一个企业的管理者要成功地管理自己的员工，特别是管理比自己更优秀的员工，人格魅力形成的权威比行政权力更重要。

6. 允许员工犯错误

现实世界充满了不确定性，在这样的一种环境中做事自然不可能事事成功，一个人能多做正确的事，少做错误的事情，他就是一个优秀的人。作为一个管理者，若要求下属不犯任何错误，就会抑制冒险精神，使之缩手缩脚，失去可能成功的商机。

冒险精神是一种宝贵的企业家素质，冒险需要勇气和资本。若能从不确定的精神中，靠着某种灵感去冒险，才可能有成功的机会，但也有可能招致失败。若管理者不允许员工失败，冒险失败会受到

上司的严惩，则员工就会抱着不做不错的观念，这样企业便失去赖以发展的重要动力。

因此，身为管理者，应鼓励员工理性地去冒险、去创新、去抓住商机，应允许员工失败。当下属冒险犯了平常的小错时，不应过多职责；当冒险成功时，务必多加赞赏，并给予相应的回报。

7. 引导员工合理竞争

在中小型企业中，员工之间也是存在竞争的，竞争有正当竞争和不正当竞争之分。正当竞争就是采取正当手段或积极方式正向攀比；不正当竞争就是采取不正当的手段制约、压制或打击竞争对手。

作为一名管理者，关注员工心理的变化，适时采取措施，防止不正当竞争，促进正当竞争是其重要的职责。为此，人员管理有一套正确的业绩评估机制，要以工作实绩评估其能力，不要根据员工的意见或上级领导的偏好、人际关系来评价员工，从而使员工的考评尽可能公正客观。同时，企业内部应建立正常的公开的信息渠道，让员工多接触、多交流，有意见正面沟通。

8. 激发员工的潜能

每个人的潜能是不同的，对不同特质的人，采取不同的刺激手段才可能达到好的效果。

物质激励对激发员工的积极性具有非常重要的作用。物质激励的方式多种多样，必须根据每个岗位的不同特点采取相应的方式，才能达到最好的激励效果。

物质激励没有绝对的高低之分，更多的是一个相对概念，在设计物质激励的过程中最重要的是要体现“公平”原则，以公司发展战略和经营计划为导向，以每位员工创造的绩效大小为依据，制定基于绩效的物质激励体系，充分体现“多创造价值多得回报”的理念。

精神激励是激发员工积极性的另一种方式。精神激励的方式同样有很多，企业要善于创新精神激励的方式，充分激励每位员工的积极性。

为了达到最大化的激励效果，要把物质激励和精神激励有效结合。如果只采用其中一种激励方式，永远无法达到有效激励员工的目的。片面强调物质激励，容易使员工产生拜金主义，增加企业的激励成本；过度地依靠精神激励也不管用，精神激励只能在短期内调动员工的积极性和创造性，如果没有相应的物质激励作为保障，难以产生长期效果，改革开放前众多国有企业的实践最终走向失败就证明了这一点。

联合——共同做事，各取所需

现代企业，要对企业与员工的关系进行重新定位，企业与员工之间应该是新型的“合作关系”。为了实现效益的最大化，企业间需要合作，这是一种“大合作”；员工是企业的螺丝钉，彼此之间更需要以合作的思路团结在共同的旗帜下，这也可以称为“小合作”，如此才能充分发挥每个员工的积极性、主动性，最大限度地发挥每个人的潜力，最大限度地发挥企业的竞争优势，创造最大的经济效益。

那什么是合作关系呢？就是共同做事，各取所需。

1. 联合的实质是荣辱与共

在职场中，公司要给员工提供个人发展、实现个人价值的平台，使员工在平等的条件下享受工作带来的乐趣；在合作的过程中，表达自己的心声，共谋企业的发展；企业与员工之间是一种相互支持、相互依存的关系，同企业荣辱与共，共享成功喜悦，共享劳动成果，共圆财富之梦。

可是，很多管理者的素质不同，大多数企业还没有走上规范化管理，很多企业特别是私营企业，为了降低成本增加收益，老板总想降低员工的收益或福利，这样的举动只会打击员工的积极性，最终影响到企业的整体效益与发展。企业与员工之间是共存共荣的，要想解决好这个矛盾，让企业与员工都能得到好的发展，就要遵循“联合关系”。

既然是合作，合作双方就要资源互补、互相吸引，企业要有一个比较好的项目、拥有较好的发展前景、合理的待遇、合理的机制等，创造一个好的平台去吸引员工；员工也要有适合企业相应岗位所需要的素质、工作技能和良好的职业道德。在不考虑其他因素的条件下，只有机制合理，才能把员工与企业的利益捆绑在一起，在相互认可的前提下，部门之间就会积极协调，企业与员工就会齐心协力，充分发挥个人的主观能动性、发挥团队的优势和精神，共同为实现整体的目标而努力。

2. “合理”分配收益

在企业发展的不同阶段，都要“合理”分配收益，使员工与企业都各得其所，良性循环，使合作双方都实现利益的最大化，实现共赢，共同发展。

有这样一位企业老板，有一天他在跟朋友闲聊时抱怨说：“我的秘书小刘已经来公司两个月了，什么活都不干，还整天跟我抱怨工资太低，吵着要走，烦死人了。我得给她点颜色看看。”

朋友说：“那就炒了她呗！”

老板说：“好，那我明天就让她走。”

老板想了想，改变了想法：“不！那太便宜她了，明天应该给她涨工资，翻1倍，一个月之后再炒了她。”

朋友问：“为什么要给她涨1倍工资？”

老板解释说：“如果现在让她走，她只不过是失去了一份普通的工作，她立刻就可以在就业市场上再找一份同样薪水的工作。一个月之后让她走，她丢掉的可是一份她这辈子也找不到的高薪工作。不是想报复她吗？那就先给她加薪吧。”

第二天，老板就给秘书涨了工资。秘书看到自己的工资涨了，工作的劲头足了，工作态度和工作效果和此前不可同日而语。老板竟然有点欣赏她了，最后并没有炒掉她，而是又重新重用。

案例中，老板其实使用的是一种博弈的理论，通过增加薪酬使员工充分发挥积极性并展示出实力。如果当初他就把秘书小刘炒掉，这势必给双方都带来一定的不利影响，而所谓的博弈就是双方实现共赢。

从企业经营的管理角度看，这个故事说明了一个现象：许多员

工在企业工作中，经常不断地在衡量自己的得失，如果认为企业能够提供满足或超过他个人付出的收益，他才会安心、努力地工作，充分发挥个人的主观能动性，把自己当作企业的主人。

3. 员工衡量个人的收益与付出的标准

在通常情况下，员工和企业都是无法完全地信任对方的，因此就会出现“囚徒困境”一样的博弈过程。企业只有制定一个合理、完善、相对科学的管理机制，使员工能够获取应得报酬，或让员工相信他能够获得应得报酬，员工才能心甘情愿地努力工作，实现企业和员工的双赢结局。

在博弈的过程中，员工在衡量个人的收益与付出是否相符合时，一般来说会有 3 个衡量标准：个人公平、内部公平和外部公平。

（1）个人公平。所谓个人公平，就是员工个人对自己能力发挥和对企业、团队所做贡献的评价。是否满足于自己的收入标准，取决于自己对个人能力的评价。如果他认为自己是高级工程师的水平，承担着高级工程师的工作任务和责任，而企业、团队给予的却是普通工程师的薪酬待遇，员工自然就会产生怨气，就会出现两种结果：消极怠工，或者选择离开。

企业要想保证个人公平，就要量才而用，并为有才能者创造脱颖而出的机会。一味地说教强调奉献不但无济于事，更是对员工的欺骗和不尊重。

海尔的人才观是“赛马不相马”，即“不以领导对个人的评价作为竞争评价标准，而是以一套公正透明的人才选拔机制，以个人在工作中的实际绩效作为评价机制和评价标准”。要保证个人公平，还要事先说明规则，保证让企业与员工双方明白理解相互间的权利和义务，理性地处理问题。

（2）内部公平。所谓内部公平，是指员工相互之间的比较衡量。对于企业经营现代化状况的分工来说，个人无法完成工作的所有工序，需要团队间的相互协调、配合完成，因此很难判断一个员工对企业做出的贡献，也很难在岗位相近的员工之间进行横向比较。而过多的人工干预、领导主观对员工的评价，反映在薪酬待遇上，经常起不到激励员工的积极作用。企业、团队只有制定统一的薪酬体系，科学的岗位评价和公正的考核体系，才能保障内部公平。

（3）外部公平。所谓外部公平，主要是指员工个人的收入相对于劳动力市场的水平。科学管理之父泰勒认为："企业必须在能够招到适合岗位要求的员工的薪酬水平上增加一份激励薪酬，以保证这份工作是该员工所能找到的最高工资。这样，若是员工失去这份工作，将很难在社会上找到相似收入的工作。因此，员工失去工作，就承担了很大的机会成本。只有这样，员工才会珍惜这份工作，努力完成工作要求。"

目前，在劳动力人才招聘市场上，很多企业、团队在招聘人才时，都强调企业、团队实行的是同行业有竞争力的薪酬标准。什么叫有竞争力的薪酬待遇？就是在同业之间的薪酬比较中，高于同业平均薪酬水平的待遇。比如，一个项目投资工程师，在外企的月薪为3万元，而同一行业、同一相类经营管理的国内企业、团队，要想聘请到同档次的项目管理投资工程师，企业付给其的薪酬水平就不能低于社会平均薪酬水平。

其实，以上3方面也是员工对企业不满的主要原因。要让员工认识到自己劳动的价值，和其在市场上的真正价值，珍惜自己的工作岗位，满意于企业给予自己的待遇。只有双方实现互信，才能保障共赢。

合伙——合成一伙，整合成势

生意一个人做不了，不是缺少资金就是经验不足，想把事情做起来就得找合伙人。在企业经营过程中，合伙的企业案例并不少，结果有失败的，也有成功的。

1. 沃尔玛公司的报酬制度

1962年，美国沃尔玛公司在美国西部的一个小镇创立，1991年就一跃成为美国第一大零售企业，2001年以后连续名列世界五百强第一的位置，2002年销售额达到2465亿美元。

沃尔玛公司一共有4种零售业态：折扣商店、仓储商店、购物广场和邻里商店，分布在全球10多个国家。如此庞大的企业之所以能够实现低成本高效率运行，与其实施的员工薪酬制度是有着密切的关系的。沃尔玛的报酬制度是：固定工资+利润分享计划+员工购股计划+损耗奖励计划+其他福利。

沃尔玛公司并没有将员工视为雇员，而是合伙人。因此，公司的一切人力资源制度都体现这一理念，除了让员工参与决策之外，还推行一套独特的薪酬制度。

沃尔玛的固定工资基本上是行业较低的水平，但是其利润分享计划、员工购股计划、损耗奖励计划在整个报酬制度中起着举足轻重的作用。

在沃尔玛的利润分享计划中，凡是加入公司一年以上，每年工作时数不低于1000小时的所有员工，都有权分享公司的一部分利润。公司根据利润情况按员工工薪的一定百分比提留，一般为6%。提留后用于购买公司股票，由于公司股票价值随着业绩的成长而提升，当员工离开公司或是退休时就可以得到一笔数目可观的现金或是公司股票。一位1972年加入沃尔玛的货车司机，到1992年离开时就可以得到70.7万元的利润分享金。

沃尔玛的员工购股计划，本着自愿的原则，员工可以购买公司的股票，并享有比市价低15%的折扣，可以交现金，也可以用工资抵扣。目前，沃尔玛80%的员工都持公司的股票，真正成了公司的股东，其中有些已经成为百万和千万富翁。

在沃尔玛的损耗奖励计划中，店铺因减少损耗而获得的赢利，公司与员工一同分享。

在沃尔玛的其他福利计划中，建立员工疾病信托基金，设立员工子女奖学金。从1988年开始，每年资助100名沃尔玛员工的孩子上大学，每人每年6000美元，连续资助4年。

沃尔玛通过利润分享计划和员工购股计划，建立了员工和企业的合伙关系，使员工感到公司是自己的，收入多少取决于自己的努力，因此会关心企业的发展，加倍努力地工作。

管理者与员工之间应该是合作伙伴关系，如果管理者不能把员工看作自己事业的合伙人，处处吝啬、苛刻，就很容易站到员工的对立面去。聪明的管理者都会把员工当作企业的合伙人对待，因为员工不仅是企业财富的创造者，更是企业发展的推动者。

2. 星巴克的成功合作

星巴克咖啡的历史很短，1971 年星巴克创业，那时候只卖咖啡豆，咖啡店是 1986 年才开始的。但是在这么短的时间里，星巴克却获得了快速的发展。2001 年美国《商业周刊》的全球著名品牌排行榜上，麦当劳排第九名，星巴克排第八十八名。2003 年 2 月，《财富》杂志评选全美最受赞赏的公司，星巴克名列第九。

在华尔街，星巴克早已成为投资者心目中的安全港。过去十年间，它的股价在经历了 4 次分拆之后，攀升了 22 倍，收益之高超过了通用电气、百事可乐、可口可乐、微软和 IBM 等大公司。如今，星巴克已经发展成拥有 5000 多家门店的大型企业，是全球最大的咖啡零售商、咖啡加工厂。

是什么创造了星巴克奇迹？董事长霍华德·舒尔茨回答说："我们的最大优势就是与合作者相互信任，成功的关键是在高速发展中，保持企业价值观和指导原则的一致性。"而在这种价值观里，员工第一，顾客第二，把员工当作合作伙伴，是最重要的一点。

舒尔茨的管理理念与他的出身有关。舒尔茨的父亲是货车司机，家境贫寒，因此他非常理解和同情生活在社会底层的人们。他从小就有一个抱负——如果有一天他能说了算，他将不会遗弃任何人。

舒尔茨的这种平民主义思想直接影响了星巴克的股权结构和企业文化，这种股权结构和企业文化又直接导致了星巴克在商业上的成功。他坚信，把员工的利益放在第一位，尊重他们所做出的贡献，必然会带来一流的顾客服务水平，自然会有良好的业绩。

关于员工与顾客到底谁排第一，如同先有鸡还是先有蛋，各有各的道理。从顾客满意理论的角度来看，员工也是顾客，只不过是内部顾客而已，所以强调顾客第一本身并无所谓对错。但有一个基本的逻辑是：满意的顾客是由员工创造出来的。你对员工好，员工才会对顾客好，没有满意的员工就没有满意的顾客，这就是星巴克价值观，也是企业应该关注的一个普遍规律。

任何一项理念都必须有相应的制度作为保证，并体现在相应的制度设计和措施中。星巴克的管理理念恰是体现在以人力资源驱动品牌资产的战略中，并在实践中形成了良性互动，最终成为商场上的大赢家。

星巴克的成功再一次告诉我们，员工是企业最重要的资产，管理者把员工切实看作是合作伙伴，处处以员工的利益为重，员工也会以主人翁的精神和态度为公司尽心尽力。

整合渠道：渠道永远是商业的利润支点

森林里，每年都会举行一次赛跑比赛，活动在各个地方的各种动物都可以参加。由于猎豹每次都是冠军，赛跑比赛几乎成了它自己的表演秀，其他动物都没兴趣再参加比赛，眼看着报名参加的动物越来越少，大赛几乎要办不下去了。大赛组委会采取了很多措施，如加大宣传力度，动物王国里随处可见宣传的海报，同时不断提高参赛奖金，可是参赛的动物还是越来越少。

这时，组委会向足智多谋的狐狸讨教破解的办法。狐狸说："我们不妨把比赛中的各个项目看作是一种资源，只要对大赛的项目资源进行一些调整，即使不进行大力宣传和增加奖金，参加比赛的动物也会多起来的。"于是，大赛组委会听从了狐狸的意见，在比赛中除了保留原来的400米短跑外，还加入了跨栏跑、马拉松长跑、障碍跑、竞走、接力跑等。这样一来，猎豹除了在自己擅长的短跑中可以获胜以外，其他项目都没有夺冠，甚至输得很难看。而爆发力虽然差，但是耐力极强的黄牛在马拉松赛跑中获得了冠军，行动灵活敏捷的猴子在障碍赛中获得了冠军，越野赛中野马获得了冠军。经过对比赛项目的资源整合，在不同的比赛项目中大家都有机会获得冠军，于是，森林里掀起了参赛的热潮。

这个童话寓言对企业的渠道整合工作有很多的启示意义。企业对渠道进行整合其实是一种营销活动，渠道成员是否买你的账，完全取决于你的渠道整合能力。

实行多元化的销售渠道整合模式

所谓“销售渠道”，是指产品从生产者向消费者转移所经过的通道或途径，它是由一系列相互依赖的组织机构组成的商业机构，也就是产品由生产者到用户的流通过程中所经历的各个环节连接起来形成的通道。

销售渠道的起点是生产者，终点是用户，中间环节包括各种批发商、零售商、商业服务机构（如经纪人、交易市场等）。在实行整合战略的时候，实行多元化的销售渠道模式整合是非常重要的。那么，如何开发多元化的销售渠道呢？

（1）寻找潜在顾客。不可否认，即使是一个社交活动很少的人，他也有一群朋友、同学和老师，还有他的家人和亲戚，这些都是资源。一个人带一圈，这是销售人员结交人的最快速的办法。某一个朋友不需要，但是朋友的朋友肯定不需要吗？去认识他们，就会结识很多人。寻找潜在顾客的第一条规律就是，不要假设某人不能建立商业关系。他们自己也许不是潜在顾客，但是他们也许认识将成为顾客的人。与最亲密的朋友联系之后，再转向熟人。

（2）让老手培训新手。刚刚进入一个新行业的时候，很多事情根本无法下手，这时就要从可以给予我们经验的人那里获得建议。导师就是这样一种人，可以从行业协会、权威人士、有影响力的人或者本地一些以营销见长的企业去寻找。多数企业通常都会将新手与富有经验的老手组成一组，共同工作，让老手培训新手一段时期。这种企业导师制度在全世界运作良好。通过这种制度，不仅可以让老手的知识和经验获得承认，同时还有助于培训新手。此外，还可以委托广告代理企业或者其他企业寻找顾客，这方面需要企业的支持。代理商多种多样，他们可以提供很多种服务，可以根据实力和需要寻求合适的代理商。

（3）检查企业提供的名单。企业可以通过广告和营销的细节来获得最佳的业绩。许多企业向销售人员提供业绩名单，为了成为优秀的业务高手，需要从中找到自己的潜在顾客。这样，即使从企业的名单中毫无所获，也有所准备。检查过去顾客的名单，不但能获得将来的生意，而且还将获得他们推荐的生意。

（4）展开商业联系。商业联系比社会联系更容易，借助于私人交往，可以更快地进行商业联系。不仅要考虑在生意中认识的人，还要考虑政府职能部门、协会、俱乐部等行业组织，这些组织带来的是其背后庞大的潜在顾客群体。

（5）结识销售人员。其他企业派出来的训练有素的销售人员，熟悉顾客的特性，只要他们不是竞争对手，一般都可以结交；即使是竞争对手，也可以成为朋友，和他们搞好关系，会收获很多经验，也可以让自己有一个非常得力的商业伙伴。在恰当的时间接触顾客的销售人员将获胜，及早规划，将取得丰硕成果。

（6）阅读报纸。寻找潜在顾客最有效的工具是报纸，阅读的时候同时勾画出发现的所有机会。拿来今天的报纸，阅读每条头版新闻，对有一定商业价值的叙述进行标准。比如，优秀的销售人员努力与有关的人联系，为自己留一份相应的复印件，寄出简要的短函："我在新闻中看到您，我在本地做生意，希望与您见面。"并附上名片。人们喜欢自己出现在新闻中，而且喜欢把文章的复印件邮给不在本地的亲戚朋友。通过提供这项小小的服务，能够得到许多大生意。

（7）了解服务及技术。努力提供超过普通销售人员提供的服务，这将有助于建立长期的关系、建立信誉以及获得推荐业务。企业里的其他人在听到有价值的信息时会想到销售人员，因此要养成定期检查企业服务和维修记录的习惯。要询问顾客服务部门，顾客打过几次咨询电话？如果多次，就要回访他们。如果他们正处于增长阶段，还可以帮助他们赢得新的服务。

（8）直接拜访。直接拜访能迅速地掌握顾客的状况，效率非常高，同时也能磨炼销售人员的销售技巧，培养其选择潜在顾客的能力。直接拜访有两种形态，一种形态为事先已经和客户约好会面的时间，这种拜访是计划性的拜访，拜访前因为已经确定要和谁见面，因此，能充分地准备好拜访客户的有关资料。另一种形态是预先没有通知客户，直接到客户处进行拜访。

（9）连锁介绍法。哪些人能当介绍人呢？每个都能当介绍人！有些人的职位，则更容易介绍大量的顾客。每个人都能使用介绍法，但怎么进行才能做得成功呢？要严格规定自己"一定要守信""一定要迅速付钱"。

（10）详细掌握顾客资料。可以从前任的销售人员手中接收有用的顾客资料，详细地掌握住各项资料的细节。客户资料管理要求企业完整地认识整个客户生命周期，提供与客户沟通的统一平台，提

高员工与客户接触的效率和客户反馈率。一个成功的客户资料管理至少应包括如下功能：通过电话、传真、网络、电子邮件等多种渠道与客户保持沟通；使企业员工全面了解客户关系，根据客户需求进行交易，记录获得的客户信息，在企业内部做到客户信息共享；对市场计划进行整体规划和评估；对各种销售活动进行跟踪；通过大量积累的动态资料，对市场和销售进行全面分析等。

（11）销售信函。有位销售员列出将近300位寄送销售信函的潜在顾客，这些潜在顾客对他销售的商品都有相当的认识。基于各种原因，销售员不可能每个月都亲自去追踪这近300位潜在顾客，因此他每个月针对这些潜在顾客都寄出一封别出心裁的卡片。卡片只祝贺每月的代表节庆，例如一月元旦、二月春节等，每个月的卡片颜色都不一样，潜在顾客接到第四、第五封卡片时必然会对他的热诚感到感激，即使是自己不立刻购买，当朋友间有人提到需要购买时他都会主动地介绍这位销售员。

（12）勤打电话给新客户。电话是基本的商务工具，这种沟通方式能突破时间与空间的限制，是最经济、最有效率的接触顾客的工具。它方便紧急的私人联系以增进理解，提供澄清事实的机会。商务活动的大部分时间会花在电话通信上，因此使之有效是很重要的。如果你对使用电话没有把握，那你很可能会搞砸一笔重大的生意。每天至少打4个电话给新顾客，一年下来就能增加1500个与潜在顾客接触的机会。

（13）通过展示会结识潜在客户。展示会是获取潜在顾客的重要途径之一。无论您和您所领导的公司的规模有多大，展会都为您提供了一个很好的商业机会，参展是一种最高效的营销方式。展览会提供了一个进行市场调查的极好机会。如果参展商正在考虑推出一款新产品或一种新服务，可以在展会上向参观者进行调查，了解他们对价格、功能、质量和服务上的要求。

（14）扩大人际关系。销售顾客基数就是所谓的人际关系，企业的经营也可以说是人际的经营。人际关系是企业的另一项重要产业，销售人员的人际关系越广，接触潜在顾客的机会就越多。在这世界上，不管做什么事情，实际上都是“做人”的延伸，发展事业更是如此，“人脉”是事业成败的最关键因素之一。还有一个大家公认的公式：一个人事业的成功，只有15%是凭借他的专业知识和技能，另外85%要靠他的人际关系与处世的技巧。

（15）结识周围的陌生人。如何认识周围的陌生人呢？可以采用这样一些方法：其一，实践“五步原则”。有意识地去处理与别人的偶遇，并不是每次机会都会带来销售业绩，如果碰到一个人，他走进了你的五步范围，就要友好而热情地自我介绍，并询问他们的工作，以及为什么在这个地方出现。善意的对话可以使对方积极回应。当他们问及你的工作时，你就可以将名片递给他们了。其二，更广阔的范围。比如企业黄页，愿意投资让自己的企业列入电话簿中，说明他们都是比较严肃地对待生意。也可以在网上找到潜在的顾客。网上很多的分类项目让你可以在很短的时间内找到有可能成为顾客的群体。

构建合作伙伴型营销渠道关系

实现渠道关系的和谐顺畅，对分销渠道进行有效的管理和控制是每一个制造商的心愿和梦想，但面对整体信用制度不完善的商业

环境，制造商似乎很无奈。于是一些有实力的大型制造商开始摆脱分销商的约束，自己投资建立分销网络，进入分销领域，实现对渠道的全面管控。而巨额的投入和高昂的渠道维护运营成本似乎又成为制造商心头的一缕酸涩。

山西八同实业集团公司与中国宝洁的合作始于1994年，到2000年该公司已经在太原、大同、临汾、运城等7个城市成为宝洁的分销商，产品的年销售额也从最初的400万元发展到超过7000万元，成为宝洁在山西的最大分销商。

从1996年开始，针对中国市场大型零售终端快速发展的情况，宝洁公司调整了其分销策略，将超市作为宝洁公司的直供客户，跨过中间商，直接与零售终端合作。宝洁公司的这种策略性调整使所有宝洁分销商面临着终端超市和厂家的双重压力，众多分销商陷入了迷茫。

为了帮助分销商迎接新的挑战，全面推进宝洁公司的渠道管理，宝洁公司在1999年7月推出了“宝洁分销商2005计划”。计划指明了分销商的生意定位和发展方向，详细介绍了宝洁公司帮助分销商向新的定位和发展方向过渡的措施。

在计划中，宝洁公司指出，分销商的未来发展定位是现代化的分销储运中心、向厂商提供覆盖服务的潜在供应商、向中小客户提供管理服务的潜在供应商。宝洁公司的策略是建设由战略客户组成的分销商网络，宝洁的分销商必须将宝洁的生意置于优化发展的地位，战略性一致是分销商与宝洁共同发展的关键。

根据上述原则，在1999年上半年，宝洁将分销商数目削减了40%，同时推出14天付款优惠条款，600箱订单优惠条款，核心生意发展基金等措施，改善分销商的生意环境，使宝洁战略性客户获得了极大的信心。

同时，宝洁投资1亿元用于分销商信息系统建设和车辆配置，逐步使分销商运作实现初级的现代化，分销商与宝洁、分销商与其下游客户实现初级电子商务；宝洁公司还建立了多部门工作组，向分销商提供全面的专业化指导，以全面提高分销商的管理水平和运作效率，提升分销商的竞争能力。

宝洁公司认为，经过这一系列的措施，分销商和宝洁一起经历了深刻的变革，分销商获得了成长，重要的是分销商和宝洁达成的战略性共识和全面协作，这将帮助宝洁实现最终的胜利——实现分销管理和运作的现代化，全面提升分销商的市场竞争力。

作为宝洁在山西的最大分销商，八同公司对宝洁的“2005计划”充满信心。它投入了大量资源在山西各行政区域建立分公司，力求实现销售方式的多样化和实现最大限度地分销，建立自己独特的销售模式。

宝洁（中国）公司的案例给我们提供了一个有力的启示，要想运作渠道，关键是要和分销商达成战略上的一致，实现长期的稳定合作。这种渠道关系就是伙伴型渠道关系。虽然不是每个制造商都如同宝洁公司一样拥有巨大的品牌号召力，但宝洁的案例确实提供给我们一个可以遵循的途径和思想方法——构建伙伴型的营销合作关系，把分销商当成自己的生意伙伴，而不再仅仅是自己的客户和交易对象。

1. 什么是伙伴型渠道关系

伙伴型渠道关系就是渠道系统内的成员在相互信任和共同长远目标的基础上，致力于共同发展的长期、紧密的合作关系。这种渠道关系本质上是渠道成员之间的一种合作或联盟，虽然没有达到一体化程度的长期联合，但制造商不用花费太大的成本，就能够获得如同一体化一样的渠道优势。

2. 伙伴型渠道关系的构成要素

伙伴型的渠道关系是如何构成的呢？其构成要素主要有以下几点：

（1）共同的远景目标。作为长期的合作关系，伙伴型渠道关系需要一个有吸引力、为渠道成员所愿意追求的远景目标，使渠道成员着眼于未来和大局，竭诚合作，为实现共同的目标而努力。一般来说，短期目标很难具有一致性，并非每个渠道成员都对其有所期许；而长期目标则能分散大家的短期利益纷争，使目标趋向一致。

（2）相互信任。合作伙伴之间的相互信任是发展长期稳定合作的基础，它既是合作关系发生的前提，又是合作成功的重要推动力。

宝洁和沃尔玛之间并没有产权关系，但其关系却能够得到长期稳定的维系，究其原因就是双方的高度信任。沃尔玛充分信任宝洁，让宝洁分享销售和价格信息，并将一部分订单处理和存货管理的控制权授予宝洁；而宝洁也充分信任沃尔玛，认同其“天天低价”的经营哲学，并投资于专门的信息网络，使双方的利润最大化。

（3）行动上互相配合。渠道成员间的合作不同于企业内部的分工协作，后者可以依据企业内部的管理机制来展开协作，而前者由于没有权威的调整系统，合作依据的是信息、契约等平台以及良好的信任、理解，是自动调整企业的行为，在共同目标实现过程中相互配合，整体行动。

国美与很多家电厂家发生过冲突，恐怕能够说明这个问题。济南国美曾遭到联想停货一个月的处罚。因为国美在对其电脑进行促销时，联想认为有变相降价的嫌疑，违反了联想全国统一定价的原则。

商家促销时我行我素，根本不考虑厂家的感受，这种没有厂家配合的促销活动不仅无法达到预期的目的，还会损害双方长期发展的关系。

（4）信息与利益的共享。伙伴型渠道关系要达到彼此行动上的完美配合，在信息平台上充分共享信息。比如，沃尔玛和其分销商之间的合作，是建立在健全的信息系统的基础上的，只有实现了信息的及时、准确的双向流动，才能使双方的配合协调、高效率。

同时，共同远景目标使渠道合作伙伴在行动上相互配合，其分配模式也必然是利益共享，而这种共享必须是阶段性的共享，以不断激励合作伙伴为共同的目标而努力，这正是所谓的“双赢”。

3. 伙伴型渠道关系的联系纽带

伙伴型渠道关系的联系纽带是结构性纽带，比如，美的集团采用股权的形式与其西南地区的分销商的合作。而宝洁与其分销商的合作中，则表现为分销商建设信息系统、配置运输车辆的投入和分销商为宝洁建立分公司的资源投入。这些特定的投入不仅表现了双方致力于长期合作的诚意，更在现实上将双方“锁定”，成为一个利益共同体。

4. 伙伴型营销渠道面向未来的选择

伙伴型营销渠道是在相互信任和共同长远目标的基础上，由不同层次的伙伴关系构成的一个分销网络系统。在这样的系统中，以往的客户和交易对象变为合作伙伴，通过关系特定型投资将双方结成一个利益共同体，共同致力于长期发展。

伙伴型营销渠道可以为我们带来很多优势，具体来说有以下几点：

（1）节省渠道成本，降低渠道风险。渠道运营成本主要来自两个方面：渠道建设的成本和渠道维护的成本。伙伴型营销渠道不同于企业自建营销渠道，是与独立的分销企业密切合作进行分销，可以为企业节省大量的渠道建设和运营成本。伙伴型营销渠道区别于传统分销渠道的最大特点，是改变了传统渠道中厂商之间“零和博弈”的关系，通过厂商之间的战略性合作，可以将企业与分销商变成一个利益整体，在共同发展的基础上实现“双赢”，有效地降低了企业渠道运作中的市场风险。

（2）改善渠道物流、资金流和信息流。伙伴型营销渠道是一个有着明确分工并能密切配合的“超组织”，渠道的信息共享机制使企业的信息流、物流和资金流得到明显的改善，这为整个渠道系统带来了更大价值。而伙伴型营销渠道的利益共享机制又将使这种增值及时、公平地在渠道成员之间进行了分配，形成了渠道运行的良性循环。

（3）建立良好的渠道控制。在传统的营销渠道中，渠道控制权将最终取决于各成员渠道实力的大小。实力相对较大的一方将能够获得对整个渠道的控制，而处于被控制的一方又会千方百计地增强自身的渠道权力。厂商之间渠道权力分布不均衡，渠道的控制与反控制便永远不会停止！伙伴型营销渠道将厂商由一个利益矛盾体变成了一个利益统一体，使渠道权力在厂商之间均衡分布，由这个统一体共同实现对渠道的良好控制。

（4）减少或消除渠道冲突。在传统营销渠道中，渠道成员对各自最大利益的追求往往会导致很多渠道冲突，伙伴型营销渠道使各渠道成员的根本利益趋向一致，可以从根本上防止渠道冲突的产生。为此，应该建立制度化的渠道冲突管理机制。企业的冲突管理仅寄希望于渠道成员之间的约束、自制是不现实的，而应在组织制度层面形成一套积极处理冲突的预防、协调机制，以实现对渠道冲突高效的管理。一是建立人员互换机制，二是成立渠道成员委员会，三是完善信息系统和沟通机制，四是建立专门冲突处理机构，五是企业组织文化建设与渠道文化主导。

分析顾客购买准则

1. 了解顾客购买行为的全过程

顾客的购买行为，不是一个瞬间的拍板行动，而是早在购买行

为发生之前就已经开始，且在购买行为完成后也不会终止，因而是一个完整的系列过程。为了在顾客的购买决策过程中于每一阶段对其施加相应的影响，就要了解顾客的购买程序。

（1）**引起需要**。顾客的购买行为，首先是从产生需要开始的。当顾客感到自己的某种需要必须通过市场满足时，就会集中精力到市场上去寻求该种商品，这时购买行为便开始了。在这一阶段，应当注意到：第一，要了解与其产品种类和厂牌有关的潜在的或实际的需要；第二，这种需要在不同时间的不同满足程度；第三，这种需要会被哪些刺激所引起。这样才可以巧妙地推销自己的产品，使之与顾客的需要挂起钩来。

（2）**收取信息**。如果引起的需要相当强烈，可以满足需要的物品又易于得到，顾客就会马上满足自己的需要。在多数情况下，被引起的需要不是马上就得到满足，或不是马上就能满足时，这种需要必先进入人的记忆中。商品资料或信息的来源主要有以下几个方面：第一，社会来源。包括报纸、杂志、电视、广播、书籍的宣传；家庭、亲友、邻居、同学以及其他相识者对商品的推荐等。第二，市场来源。包括商品的广告、营业员、商品包装、商品展销，以及有关商品说明书等所提供的商品资料。

（3）**经验来源**。各种来源的信息会对顾客的购买行为产生的影响不同，广告宣传、报纸、杂志等，传播面广，但可信度低，顾客心有余悸；亲朋好友口头传播或已购买的效果信息影响最大，但营业员较难掌握和控制。经验来源的信息，对顾客的购买行为的影响较稳定。因此，掌握顾客的信息来源，对制定相关销售策略有相当大的帮助。

（4）**比较评估**。评估和选择，决定取舍，这是顾客购买行为过程的一个重要阶段，也是购买的前奏。一般来说，顾客评估主要考虑商品的性能、式样、价格、耐用性和售后服务等几个方面，而商品的性能在比较评估中显得尤为重要，常常会产生如下情况：顾客对商品的性能给予的重视程度有所不同；顾客中既定的品牌形象与产品的实际性能，可能有一定差距；顾客对产品的每一属性都有一个效用函数；多数顾客的评估过程是将实际产品同自己理想中的产品做比较。对此，可以采取相应的对策：第一，通过广告和宣传报道努力消除顾客不符合实际的偏见，改变心目中的品牌信心。第二，改变顾客对商品各种性能的重视程度，设法提示自己商品占优势的性能的重要程度，引起顾客对被忽视的产品性能的注意。第三，改变顾客心目中的理想商品标准。

（5）购买决策。顾客对商品信息进行比较分析后，就会形成购买意向，这种意向趋于购买行为。顾客购买之前，要做出购买决策。购买决策是许多项目的总选择，包括购买何种商品，何种形式，数量多少，何处购买，何时购买，以何种价格购买，以何种方式付款等。在这一阶段，一方面，要向顾客提供更多详细的有关商品的情报，便于顾客掌握和了解；另一方面，应通过服务造成方便顾客的条件，加深其对商品的良好印象。

（6）购后感受。如果商品在实际的消费中达到预期效果则感到满意，购买后的感觉就会良好，也会肯定自己的购买行为，反之亦然。这种感觉会影响到周围的顾客，产生引导更多人购买或阻止别人购买该种商品的效果。因此，购买感受的好坏对于顾客自己是否继续购买及对周围顾客购买行为的宣传影响有很大作用，应及时做好顾客已购买感受的收集反馈工作。

2. 了解并分析顾客的购买动机

为什么有的人愿意买昂贵的名牌服装，而有的人即使腰缠万贯也爱淘便宜货？为什么有的人即便一字不识也要买精装全套《四库全书》？这取决于他们的购买动机。下面我们就对顾客购物动机作一些分析。

我们可以把购买动机分为感情动机、理智动机和惠顾动机，如表7－1所述：

表7－1　　顾客的购买动机

购买动机	说　明
感情动机	这是由于人的情绪（喜、怒、哀、乐等）和情感（道德、情操、群体、观念等）引起的购买动机。由于感情动机的引发原因不同，感情动机又可以分为情绪动机和情感动机两种 情绪动机，是由外界环境因素的突然刺激而产生的好奇、兴奋、模仿等感情反应而激发起的购买动机。影响产生情绪动荡的外部因素很多，如广告、展销、表演、降价等 感情动机所引发的购买欲望，一般都注重商品的外在质量，讲究包装精美，样式新颖、色彩艳丽，对商品价格不求便宜、而求适中或偏高
理智动机	这是对所购对象经过认真考虑在理智的约束和控制下而产生的购买动机。它是基于对所购商品的了解、认识，经过一定比较、选择产生的。理智动机的形成有一个比较复杂的心理活动过程，一般要经过喜好、激情、评价、选择这样几个阶段，从喜好到激情属于感性认识阶段，从评价到选择属于理性认识的阶段。同时，在理智动机驱使下的购买，比较注重商品的质量、讲求实用、可靠、价格便宜、使用方便、设计科学合理，以及效率等
惠顾动机	指顾客由于某些企业推销商品产生信任和偏好而产生的购买动机。在这种动机支配下，顾客会重复地、习惯地去某一推销商或商店购买。顾客之所以产生这样的动机，是基于营业员礼貌周到、信誉良好、提供信用及劳务、品种繁多、品质优良、价格适当、商店地点时间便利、店面布置美观。因此每一推销商和商店的声誉或特色都可以给予顾客一种不同的印象

一般来说，动机是行为的动因，顾客购买动机对其购买行为具有下列作用：

（1）始发作用。动机的基本作用，就是激起作用。这种动机会引导顾客购买哪一种商品，如电视机、录像机、组合音响等。

（2）选择作用。顾客的动机是多种多样的。这些动机目标可能是一致的，也可能是矛盾的，动机的选择作用，可以引导购买某种牌子的商品。当顾客最强烈的动机实现后，初级动机就会自动调节出示一级动机。

（3）维持作用。人的行为是有连贯性的，动机的实现也往往要有一定的时间过程，在这个过程中，动机始终起着激励作用，直至行为目标实现为止。

（4）强化作用。动机的强化机能具有正负作用。为满足动机的结果，不断保持与强化行为动因，叫作“正强化”；反之，起着减弱和消退行为作用的，叫作“负强化”。例如，冰箱大减价就是强化作用。

（5）中止作用。当动机已经实现，或是由于刺激与需要的变化，动机都会起停止行为的作用。当然，机体的动机是不会停止的，一个动机停止了，另一个动机又会继起。例如，冰箱已买到，就不会再有购买冰箱的冲动了。

在实际购买时，顾客的性格、商品的特性以及顾客的社会地位等，都能对购买行为产生很大的影响。根据顾客的性格分析，顾客的购买行为有表7-2中的几种类型：

表 7－2　顾客购买行为的类型

类　型	说　明
习惯型	这类顾客往往忠于一种和数种厂牌，对这些厂牌十分熟悉、信任、注意力稳定，体验深刻、形成习惯。购买时不必经过挑选和比较。行动迅速，容易促成重复购买
理智型	这类顾客购买前，对所要购买的商品事先经过考虑、研究和比较。购买时较为冷静和慎重，善于控制自己的情绪，不易受商品包装、商标和宣传的影响，喜欢细心挑选
经济型	这类顾客重视价格，对价格反应特别敏锐。有的人习惯于追求低价，唯有廉价商品才能使之得到满足；与此相反，有的顾客喜好高档商品，信奉一分价钱一分货，“高质高价”
冲动型	这类顾客易受商品外观或厂牌名称的刺激而购买。购买时，喜欢追求美观、名牌和新产品，从个人兴趣出发，不大讲究商品的用处、性能，容易受广告宣传的影响
情绪型	这类顾客的购买决定往往由情感所支配。他们的情绪兴奋性都比较强，情绪体验也较深，想象力、联想力丰富，审美感觉灵敏，在购买行为上易为情绪所影响
不定型	这类顾客的购买行为多属尝试性质，心理尺度尚不稳定。购买时没有固定的偏爱，一般是顺便购买或为尝试购买，有的则是盲目购买

3. 不同类型顾客的购买心理

世界上的消费者成千上万，各有各的特点，各有各的习惯，各有各的具体情况，他们的购买心理就可能各不一样。要想使消费者主动掏钱，还得仔仔细细分析一下他们的购买心理。

（1）城市年轻女性。这种消费者在选购商品时不以使用价值为宗旨，而是注重商品的品格和个性，强调商品的艺术美。不仅关注商品的价格、性能、质量、服务等价值，还注重商品的包装、款式、颜色、造型等形体价值。

（2）城市中年男女。这种消费者在选购商品时，特别重视商品的威望和象征意义。商品要名贵，牌子要响亮。其动机的核心是“显名”和“炫耀”的，同时对名牌有一种安全感和信赖感。精明的商人，总是善于运用消费者的“崇名”心理做生意。

（3）家庭主妇和低收入者。这种消费者在选购商品时不过分强调商品的美观悦目、朴实耐用，其动机的核心就是“实用”和“实惠”。

（4）青少年儿童。这种消费者在选购商品时，重视商品的款式和流行样式，追逐新潮。这种动机的核心是“时髦”和“奇特”。大多喜欢新的消费品，喜欢商品新的质量、新的功能、新的花样、新的款式，追求新的享受、新的乐趣和新的刺激。

（5）农村消费者和低收入阶层。这种消费者在选购商品时，特别计较商品的价格，喜欢物美价廉或削价处理的商品。其动机的核心是“便宜”和“低档”。

（6）城市年轻男性。这种消费者在选购商品时，不是由于急需或必要，而是仅凭感情的冲动，存在着偶然性的因素，总想比别人强，要超过别人，以求得心理上的满足。其动机的核心是争赢斗胜。

（7）老年人。这种消费者在选购商品时，倾向比较集中，行为比较理智，具有经常性和持续性的特点。他们的动机核心就是“单一”和“癖好”。

4. 常见的8种购物心理

如果没有对顾客心理的了解，即使面对面也难以激起顾客的购物愿望。以下为8种比较常见的带有感情色彩的购物心理：

（1）追求舒适、省力的心理。作为人来说，其大部分生活自然是围绕着身体的需要展开的。他们需要吃、喝、睡和冷热适宜的温度。而且绝大多数人都将其主要精力放在获得这些基本需要上，另一些人用一部分精力即可满足这些需要，并在此基础上继续追求其他渴望的东西。追求这种迫切需求是人们的基本特性，因此他们才可以满足其迫切渴望的商品。适宜营销的这类产品中有我们日常生活中不可或缺的食用油、饮料、成品食品等。当然，我们所有的生存必需品都是适于销售的，如住房、家具、汽车等。

（2）求美的心理。在大自然之中，美的东西撞击到我们的神经和情感就会使我们产生强烈的满足和快乐。美可以包括外观美、色美和声音美。在绘画、音乐、文学、体育、大自然以及我们的工作、生活中，美随处可见，只要环顾一下四周，我们就能发现，人们追求美的动机正强烈地影响着众多商品的设计和包装。精明的营业员应该注重追求美的心理，他们在推销时，总是拿出设计特别美观的产品或展示产品时有意表现出它们美的形象。假如你对买主这样介绍："您看它漂亮吗？这是我们特别为您而设计制作的。"这种介绍经常能够满足顾客追求美的购物心理，也许你会因此而得到意外的收获。

（3）效仿和炫耀的心理。每个人的童年都有过模仿的行为，而这些纯粹的模仿心理也同样存在于成年人的购物活动中。从心理学角度加以分析，许多人所以要效仿他人去购买某种商品，是因为他们认为这样做可以表明他们比那些凡人是要高出一筹。从这种意义上说，这种购物心理与追求卓越不凡和自我感觉是大致相同的。因为在那些人心目中他所模仿的人在某一方面是卓有成就的。作为销售员，也可以利用这种购物心理，但一定要记住向买主提出这些东西是时下人们所崇拜的明星爱用的。只有这样，买主的自尊心才会膨胀，并希望去效仿他们。同理，你也会收到满意的效果。但在一般情况下，效仿炫耀的购物心理是在买主头脑中自动发生作用的，在你向买主劝购的过程中还是应当少谈为妙。如果你公开利用这种心理，特别是许多消费者都公开利用这种心理时则必须加以小心。因为许多消费者都往往不喜欢当众讨论这种问题。

（4）获取的心理。人的获取欲望或占有欲望通常表现在许多方面。绝大部分人都喜欢拥有东西更有不少人爱搜集东西，个别人甚至还爱储藏东西。我们不得不承认，人似乎都有一种占有欲，都想把存在的东西称作“自己的”。另外，从产品试用的效果也可以看出这一点：如果一个买主已经试用了一台计算机或打字机一段时间，他也会很难再让人把它搬走，因为他觉得这些东西已经是属于自己的了，这时他的占有欲会特别强烈，如果你上门询问，他便会马上掏出钱来将商品买下的。

（5）“交际欲”心理。我们可以坦率地承认，“交际欲”心理基本是一种试图接近和打动异性的欲望。我们可以用生活中最常见的现象来解释这个问题。往往人们在决定购买某些商品或寻求某些服务时，如化妆品、服装、发型或电影票，真正起作用的往往是异性，而不是他们表面所说的理由，这一点年轻人都非常清楚。自然，青年男女一般都对浪漫的爱情感兴趣，但中年人的兴趣也不容忽视。

（6）好奇心和新鲜心理。现实生活中，人们都喜欢到处活动、旅游、观看新景致和追求生活中的新刺激，这种欲望年轻人比老年人更强烈。作为销售员也可以利用人本身的好奇心来吸引他们对某些商品的注意和兴趣，以诱发他们购买商品的行为。在年轻人当中普遍存在着这样的心理：凡是新的，他们就要试试，他们追求新奇

感、新刺激的欲望比任何人都要强烈。

（7）寻求正义感、责任感，体现爱的心理。正义感、责任感、对他人的爱，这些都是人们后天培养的一种购物心理，但我们也同样不应加以忽视。正如有的人可以为他心目中的理想而献身，可以为自己或他人争得公正而奋斗一样，他们宁愿舍弃各种欢乐也要让自己满意地感到他是在为正义呕心沥血，并死而无憾。作为现代人来说，他们都希望自己能在事业上有所成就，伴随着这种希望的是他们的责任感和贡献感，这足以使他们感到由衷的自豪和满足。销售员在掌握购物心理时也完全可以利用这两点。另外，作为人的天性，表现出各种爱心也是消费者购物心理的一种具体表现：父母之爱、夫妻之爱、恋人之爱等无不是我们的销售员在推销产品时应当熟记和加以了解的，甚至在有些场合了解这种购物心理，使我们的销售员更易于开展工作，取得非凡的战果。

（8）恐惧和谨慎的心理。出于恐惧和谨慎的心理而购物的动机，也是在日常生活中容易遇到的。人们恐惧的心理往往是害怕得不到美好的结果，或者是担心在突然间会失去已有的欢乐。作为正常人来说谁都害怕失去生命、健康、朋友、金钱、工作、自由、生活安定以及他们所珍视的一切，而得不到他们渴望的东西和失去它们一样，都会给人造成痛苦，不管是肉体还是精神上的。另外，我们在住宅上锁、安装防盗系统，都是人们意识到由于缺少这些东西而可能造成的严重后果，所以他宁愿在这方面“破财免灾”。总之，人们的日常生活经常会被一些恐惧和怀疑所困扰，如果销售员在推销产品时注意到这一购物心理，并适时地提出能够缓解买主恐惧和怀疑的一些积极建议，那么，你们就会获得极好的销售良机，因为你们已经满足了消费者的一种真正需要。

产品复杂性和渠道接触性的关系

客户购买心态是决定渠道选择的关键要素，可是产品属性不同会影响客户购买选择，因此要考察产品和渠道适应性的关系，即产品复杂性和渠道接触性的关系。通常来说，复杂度高的产品需要更多的服务、培训和支持，需要买卖双方更多地接触和相互作用的"高接触性渠道"；相反，复杂度低的产品用接触性低的渠道或销售方式更有效率。也就是说，作为渠道通路，每家渠道都需要做到对产品与方案的高度认知。

1. 渠道需要找准对应产品

在我们身边，有很多做布线方案实施的集成商，在项目的售前勘验上，要投入几周的时间对场地与工程环境进行测评，在这个过程中与客户的沟通是必不可少的，从产品到服务都要让客户做到心里有数。而互联网和在线渠道是低接触性的渠道，在本质上并没有提供与客户相互作用的机会，因此没有能力提供服务、支持、谈判和问题解决方案。

说到投入产出比，需要接受的事实是，一方面高接触性销售方式如销售队伍的运行更昂贵；但另一方面它确实又能产生更多的价值，可以在销售过程中提供更多的服务。相反，低接触性方式如线上运行成本低，在销售过程中提供较少的服务，如构造设计和支持。

比如，一个复杂的产品（如一台服务器）要求在售前、售中和售后有一定数量有意义的相互接触、谈判、支持、培训和服务，因此需要使用高接触性的方式，如区域销售队伍和有附加值的渠道伙伴，更有甚者，还要在产品之外对客户做到关爱有加。相反，一个简单的现货供应产品，如硬盘或鼠标只需要很少的服务，可以使用更便宜、更有效的低接触性渠道。

思科中国公司曾有过将高端产品向分销商开放的举措，但经过运作之后又停止了这种合作。其主要原因就在于，这些产品技术含量高，用户识别率低，需要有技术能力的SI（Service Integrator，是在中国移动向集团行业客户提供信息化覆盖的过程中，与中国移动开展合作，具有优势客户资源和核心技术能力，共同为集团客户及集团客户的目标客户提供业务功能和优质服务的合作伙伴的总称）为用户提供服务，分销商未必能满足用户需求。

事实证明，一种产品的用途和收益越清晰，越有可能在低成本、低接触性的渠道中生存、发展和壮大。

大多数厂商或者上游总包商最好尽量不要去扩张自己的销售队伍，应该尽可能地寻找机会把交易沿渠道接触性程度向下“压到”更适合自己业务特性的渠道通路上。当然，在此之前，渠道还应该考虑产品的渠道适应性。一个产品通常不会只适应或适合单一渠道，而一种渠道是否比另一种渠道更理想，取决于企业能否借此与客户做成更多的生意和每种渠道的运营成本如何。

2. 如何识别产品是否适应不同渠道的运作

识别产品是否适应不同渠道的运作，首先要理解什么是产品识别，人们是否熟知这个产品，它是否有明确的使用范围和目的，有很清楚的收益。比如笔记本、无线路由是属于识别度高的产品，人们一般都知道它们是什么，用于何处，可以带来什么收益；但 ERP 软件和咨询服务的识别度就相对较低。

产品的识别度越低，产品或服务的定义越模糊。在销售产品时，就要更多地解释和说明产品的使用目的和收益。所以，产品识别至少要涉及以下 3 类产品：

（1）高识别度产品。很容易被辨认，有明确的使用范围和收益，可以通过任何渠道销售的产品。这些产品通常适应于最低“接触性”的最低成本销售方式。

（2）中等识别度产品。比如某些保险服务和各种商业软件，它们的潜在用途和使用收益让人很难很快清楚辨认，需要通过确定的人员进行销售。因此，中等识别产品一般不适合直接营销渠道。如果产品的使用方法和购买的收益是相对明确的，产品一开始就是封装好易于识别的，零售商店就是恰当的渠道。

（3）低识别度产品。这类产品没有解释是很难了解的，通常需要专业化的服务，特别是要有经过训练的专业人士参与销售过程。这类产品需要直销，或者有附加值的商业伙伴，它们很少通过大规模市场分销渠道销售。

分销渠道评估标准

分销渠道评估的实质，是从那些看起来似乎合理但又相互排斥的方案中，选择最能满足企业长期目标的方案。因此，企业必须对各种可能的渠道选择方案进行评估。评估标准有 3 个，即经济性标准、控制性标准和适应性标准。

1. 经济性标准

经济性标准是最重要的标准，这是企业营销的基本出发点。在分销渠道评估中，首先应该将分销渠道决策所可能引起的销售收入增加，同实施这一渠道方案所需要花费的成本做比较，以评价分销渠道决策的合理性。通常来说，这种比较可以从以下角度进行：

（1）静态效益比较。即在同一时点对各种不同方案可能产生的经济效益进行比较，从中选择经济效益较好的方案。

有家企业决定在某一地区销售产品，有两种方案可供选择：

方案一，向该地区直接派出销售机构和销售人员进行直销。这一方案的优势是，本企业销售人员专心于推销本企业产品，在销售本企业产品方面受过专门训练，比较积极肯干，而且顾客一般喜欢与生产企业直接打交道。

方案二，利用该地区的代理商。这一方案的优势是，代理商拥有几倍于生产商的推销员，代理商在当地建立了广泛的交际关系，利用中间商所花费的固定成本低。

通过估价两个方案实现某一销售额所花费的成本，利用中间商更划算。

（2）动态效益比较。即对各种不同方案在实施过程中所引起的成本和收益的变化进行比较，从中选择在不同情况下应采取的渠道方案。

（3）综合因素分析比较。在实际分析时，可能都会倾向于某一特定的渠道，但也有可能某一因素分析倾向直接销售，而其他因素分析可能得出应该使用中间商的结论。因此，企业必须对几种方案进行评估，以确定哪一种最适合企业。评估的方法很多，如计算机模拟法、数字模型等。

2. 控制性标准

企业对分销渠道的设计和选择不仅应考虑经济效益，还应该考虑企业能否对其分销渠道实行有效的控制。因为分销渠道是否稳定对于企业能否维持其市场份额，实现其长远目标是至关重要的。

企业对于自销系统是最容易控制的，但是由于成本较高，市场覆盖面较窄，不可能完全利用这一系统来进行分销。而利用中间商分销，就应该充分考虑所选择的中间商的可控程度。一般而言，特许经营、独家代理方式比较容易控制，但企业也必须相应地做出授予商标、技术、管理模式，以及在同一地区不再使用其他中间商的承诺。

中间商的销售能力对企业影响很大，选择时必须十分慎重。如

果利用多家中间商在同一地区进行销售，企业利益风险比较小，但对中间商的控制能力就会相应削弱。然而，对分销渠道控制能力的要求并不是绝对的，并非所有企业、所有产品都必须对其分销渠道实行完全的控制，比如，市场面较广、购买频率较高、消费偏好不明显的一般日用消费品就无须过分强调控制；而购买频率低、消费偏好明显、市场竞争激烈的高级耐用消费品，分销渠道的控制就十分重要。

总之，对分销渠道的控制应讲究适度，应将控制的必要性与控制成本加以比较，以求达到最佳的控制效果。

3. 适应性标准

在评估各渠道方案时，还有一项需要考虑的标准，那就是分销渠道是否具有地区、时间、中间商等适应性。适应性标准包括以下几项（见表7－3）：

表7－3　　分销渠道的适应性标准

适应性	说　明
地区适应性	在某一地区建立产品的分销渠道，应充分考虑该地区的消费水平、购买习惯和市场环境，并据此建立与此相适应的分销渠道
时间适应性	根据产品在市场上不司时期的适销状况，企业可采取不同的分销渠道与之相适应。如季节性商品在非当令季节就比较适合于利用中间商的吸收和辐射能力进行销售；而在当令季节就比较适合于扩大自销比重
中间商适应性	企业应根据各个市场上中间商的不同状态采取不同的分销渠道。如在某一市场若有一两个销售能力特别强的中间商，渠道可以窄一点；若不存在突出的中间商，则可采取较宽的渠道

整合工具：移动互联时代下的利益共生

第八章

有一天，大海和沙漠相遇。两者商量起来，大海说："你看，我们都那么富有，你有那么多的沙土，我有这么多的海水，不如我们合作吧?"

沙漠说："好啊，我们怎么合作呢?"

大海说："我需要你的土，但是我不想要你的沙子，我沙滩上的沙子够多了!"

沙漠说："我想要你海里的水，但我不需要海水里的盐!"

由此可见，资源整合的意义在于互通有无，在此基础上的合作才是必要的。合作的时候。往往会产生各种问题，我们在接受对自己有利的一面的同时，也应该包容和自身不协同的另一面。人无完人，事物都是分两面看的。

微博——你的心声，世界的回声

微博是一个基于用户关系信息分享、传播以及获取的平台。微博不仅是一个传播媒体，一个娱乐工具，它还有着巨大的商业价值。

2010 年 8 月 28 日，是新浪微博一周年。这一天，一场“微博快跑”活动绕北京城举行：10 辆造型各异的 MINI 微博车队，载着特色礼物和 8 名网上征集的微博用户，从中关村出发，穿越北京的大街小巷，途经五道口、鸟巢、朝阳公园、天坛、西单、南锣鼓巷等北京地标性场所，将微博“随时随地分享”的精神传递给每一个路人。

“微博快跑”是新浪为庆祝微博开通一周年而组织的活动，是国内微博产品第一次大规模从线上延伸到线下，充分利用微博创新的特点，大胆突破了常规的活动模式，以活动造事件，让博友自己创造内容并帮助传播。

从 8 月 20 日开始，“微博快跑”官方微博 ID 成立，通过话题讨论、悬念设置、投票 PK、礼品激励等为活动预热。活动当

天，车队每到一站都会组织车内、现场和线上的网友进行互动，共产生 30000 多条微博内容，引发各大媒体高度关注和报道。

活动结束后第三天，百度搜索“微博快跑”获得 71 万条相关结果。通过裂变式的传播，“微博快跑”的信息瞬间传递到了更多的网民，用户品牌好感度、忠诚度大幅提升。因此，从某种意义上来说，这不只是一场成功的庆生秀，更是新浪微博发展的新起点。

回望过去，距 2006 年 Twitter（推特）现身美国已有 8 年，但在中国，微博真正进入人们的生活才不过 5 年。许多中国微博先驱者先后进行了不懈探索，但大多以倒下告终，直到 2009 年 8 月新浪微博正式开通。新浪微博沿用博客推广的成功经验，短时间内迅速掀起国内微博风潮，“你围脖（微博）了吗”成为很多人寒暄的第一句话。

作为国内最早由门户网站推出的微博，新浪微博已成为国内微博领域的领先者。《中国微博元年市场白皮书》数据显示，随着用户数的不断增长，新浪微博上每天都会产生海量信息。2010 年 7 月，新浪微博产生的总微博数超过 9000 万，每天产生的微博数超过 300 万，平均每秒会有近 40 条微博产生。

微博有着巨大的潜能等待我们去发现。微博的作用与商业价值是建立在一个微博运作成功的基础之上的，试想，如果你的微博粉丝寥寥，关注者非常少，怎么可能达到效果？

据权威机构预测，2010 年年底，中国互联网微博累计活跃注册账户数突破 6500 万，2011 年中突破 1 亿，2013 年国内微博市场进入成熟期。无疑，微博会成为未来商战的又一重要战场。针对如何经营好企业微博，我们总结了企业微博的操作技巧，包括传递价值、微博个性化、连续发布、强化互动性、系统性布局、准确定位、提高企业博客专业化水平、有效控制、注重方法与技巧、模式创新等，以帮助企业正确、快速地操控这一奇妙的网络营销工具。

1. 传递价值

企业博客经营者首先要改变观念——企业微博不是一个“索取”的工具，而是一个“给予”的平台。现在微博数以亿计，只有那些能对浏览者创造价值的微博自身才有价值，企业微博才可能达到期望的商业目的。企业只有认清了这个因果关系，才可能从企业微博中受益。

要想塑造一个大家喜欢浏览并持续反复光顾的微博，博客经营者就要持续提供目标浏览者感兴趣、有价值的信息。现在企业微博常给浏览者提供一些限时抢购、优惠券、赠品等作为宣传与吸引浏览者的手段，但是，我们不可能每天都有奖品赠送；即使每天都有礼品奉送，最终留下的也都是只为了来领取奖品，对企业品牌与销售都没什么实际促进作用。

企业要改变对价值的认识，并非只有物质奖励才是有价值的，比如，提供给目标顾客感兴趣的相关资讯、常识、窍门；也可以以自己的微博为媒介平台，链接众多目标客户，如俱乐部、同城会等；同时，可以将线上与线下打通，让微博有更多的功能与实际作用，构建出一个拥有高忠诚度与活跃度的企业博客。

2. 微博个性化

微博的特点是“关系”“互动”，因此，虽然是企业微博，但是

也不能办成一个冷冰冰的官方发布消息的窗口。要给人感觉像一个人，有感情，有思考，有回应，有自己的特点与个性。

如果浏览者觉得你的微博和其他微博差不多，或是别的微博可以替代你，都是不成功的。这和品牌与商品的定位一样，从功能层面就要做到差异化，在感性层面也塑造个性。如此，微博才会具有很高的黏性，可以持续积累粉丝与专注，你也就有了不可替代性与独特的魅力。

3. 连续发布

微博就像一本随时更新的电子杂志，要想让大家养成观看习惯，就要定时、定量、定向发布内容。当其登录微博后，能够想着看看你的微博有什么新动态，这无疑是最成功的境界。

定时、大量地发布企业微博自然是最有利的，大量发布可以在一段时间内占据关注者的微博首页，至少不会被快速淹没。但是一定要保证微博质量，在质量和数量的选择上一定要质量为先。因为，大量低质量的博文会让浏览者失望；一个缺乏有价值信息的企业微博，不仅达不到传播目的，还很可能被不胜其烦的粉丝取消关注。

4. 强化互动性

微博的魅力在于互动，拥有一群不说话的粉丝是很危险的，因为他们慢慢会变成不看你内容的粉丝，最后更可能是离开。因此，互动性是使微博持续发展的关键。

“活动 + 奖品 + 关注 + 评论 + 转发”是目前微博互动的主要方式，但实质上，更多的人是在关注奖品，对企业的实际宣传内容并不关心。和赠送奖品比较起来，认真回复留言，用心感受粉丝的思想，更能唤起粉丝的情感认同。

5. 系统性布局

任何一个营销活动，想要取得持续而巨大的成功，都不能脱离了系统性，单纯当作一个点子来运作，是很难持续取得成功的。微博营销虽然看起来很简单，对大多企业来说效果也很有限。

其实，微博作为一种全新形态的互动形式，潜力十分巨大，发挥出的作用很小的原因是你本身投入的精力与重视程度原本就不高。企业想要微博发挥更大的效果，就要将其纳入整体营销规划中来，如此微博才有机会发挥更多作用。

6. 准确定位

微博粉丝众多当然是好事，但是对于企业微博来说，“粉丝”质量更重要。因为企业最终是要从微博粉丝身上转化出商业价值的，这就需要拥有有价值的粉丝。

很多企业抱怨，微博人数都过万了，可转载、留言的人很少，宣传效果不理想。这其中一个很重要的原因就是定位不准确。假设自己为服装行业，那么就要围绕一些产品目标顾客关注的相关信息来发布，吸引目标顾客的关注，而非只是考虑吸引眼球。

现在，很多企业博客陷入这个误区当中，完全以吸引大量粉丝为目的，却忽视了粉丝是否目标消费群体这个重要问题。

7. 提高企业博客专业化水平

企业微博定位专一很重要，但是专业更重要。同市场竞争一样，只有专业才可能超越对手，持续吸引关注目光，专业是一个企业微

博重要的竞争力指标。

很多企业忽视网络营销，对于博客和微博更是不屑一顾。虽然现在很多大企业已经意识到微博营销的重要性，设置专人进行企业网站、博客与微博的更新维护。但是，更多的企业还没有这种意识。因此，对于规模较大的企业应该设置专人负责网络营销；如果规模较小或没有这方面的经营能力，则可以委托专业公司代理。

8. 有效控制

微博没有腿，但是传播速度却快得惊人，当极高的传播速度结合传递规模，更会创造出惊人的力量，这种力量可能是正面的，也可能是负面的。因此，必须有效管控企业微博这柄双刃剑。

要有效掌控企业微博，需要注意的问题很多，比如，一篇微博看起来只有短短的百十字，但实际撰写难度与重要性非常高，需谨慎推敲所要发布的博文、以免不慎留下负面问题；一旦出现负面问题，要及时跟进处理，控制局势，而非放任自流，更可怕的是到问题很严重的时候还全然不知；微博开展活动要善始善终，过程积极良性引导，因为网络参与的自由度非常高，任由网民的主观意愿，往往会导致事态向难以掌控的方向发展；对于互动对象的举动与信息反馈，也不可掉以轻心，必须积极而谨慎对待，否则极可能产生“蝴蝶效应”。

总之，微博是一柄双刃剑，企业既然决定拿起这把剑，就要谨慎并用心去经营。

9. 注重方法与技巧

很多人认为，微博就是短信，就是随笔，甚至就是唠嗑。的确如此，但是对于一个企业微博来说，就不能如此，因为，我们既不是明星大腕，也不是普通百姓，企业开设微博不是为了消遣娱乐，而是以创造价值为己任。因此，企业的任何商业行为都必须有相应回报，担当这样使命的企业微博在经营上自然也更困难与复杂。

想要企业微博经营得有声有色，持续发展，单纯在内容上传递价值还不够，必须讲求一些技巧与方法：

（1）讲究微博话题的设定与表达。如果你的博文是提问性的，或是带有悬念的，引导粉丝思考与参与，那么浏览和回复的人自然就多，也容易给人留下印象。反之，如果仅仅是新闻稿一样的博文，那就算是粉丝想参与都无从下手。

（2）加入隐性话题。大家对不为人知的事情都很感兴趣，那么适当加入一些隐私性话题也会增加微博黏性。当然，这里的隐私性话题不是个人私生活隐私，而是产品背后的故事，生产中不为人知的工艺、企业员工或领导者的小故事等，这些都会给粉丝带来新鲜感和获知欲。

（3）内容有趣。微博用户都是以休闲的心态来使用微博的，因此，内容上应尽量轻松幽默，给人很有趣的感觉。这样让粉丝本能地愿意去关注你的微博，对增加品牌的亲和力也很重要。总之，抓住人性的特点和交流的技巧，可以让你的微博更受欢迎。

（4）配发合适的图片或视频。微博虽然限制是 140 多字，但是枯燥的内容越少越好，10 个字能说清楚的问题就不要用 11 个字。同时，配以图片和视频也是化解枯燥乏味的好办法，人类本能地对视觉图像有兴趣，因此，每篇博文配上对应的图片或视频对提高其质量很有帮助。

（5）转发的微博要与自身微博定位相一致。企业微博的博文应

该是高质量，具有价值的，这样的博文自然产量不会很高。有时可以结合转发微博，不要担心不是原创，浏览者只注重文章的价值。但是，转发的微博一定是和自身微博整体定位相符的，同时质量很高，这样不仅可以省很多力气，还能提高微博质量。因此，不妨多关注一些对口的专业微博。

（6）企业可以在多个人气旺的微博网站同时开博。将一份博文稿可以分别发在各微博上，这样可以大大提高传播效率，摊薄经管成本。

10. 模式创新

微博这一新生事物在全球范围内都是刚刚商业化应用不久，加之自身非常高的扩展性，使得微博营销的模式具有很大的探索空间。抓住机会，有效创新，就可以从中轻松获益。

虽然微博营销诞生不久，但有一些企业已经走在了前面，尤其美国一些企业已经取得了较为显著的成效，我们应该多参考借鉴这些成功案例，而后结合企业自身特点与客观环境进行创新。

凡客诚品的官方微博@VANCL粉丝团在2009年11月初发布了由徐静蕾设计、与VANCL合作出品的配饰。同时，VANCL送给姚晨两条围巾。不久，姚晨在自己微博贴出了围巾照片，有500多条评论，当晚，VANCL助理总裁@许晓辉便进行转发并评论："想免费得到和姚晨一样的围脖吗？跟帖第190楼、290楼赠送和姚晨围脖一模一样的围脖各一条。"许晓辉的这一举动在24小时内就获得评论超过300条。

在Twitter上，戴尔公司的@Dell Outlet这个专门以优惠价出清存货的微博目前已经有了近150万名关注者；而通过这一渠道宣传促销而卖出的个人电脑、计算机配件和软件，已经让戴尔进账650万美元以上。

星巴克在微博上推出了自带环保杯可以免费获得一杯咖啡的互动活动，组织非常成功，网友纷纷上传自己领到免费咖啡时的照片，数以百万计的传播为星巴克的品牌形象做了一次大大的宣传。

上述企业都在积极探索着微博营销的道路，也都从中取得了不错的收益。

其实，微博不仅是一个传播媒体，更不仅仅是一个娱乐工具，它有着巨大的潜能等待我们去发现。微博其他方面的作用也等待着我们的挖掘，比如，作为售前咨询、售后服务的窗口；在企业内部管理中，管理者也可以通过微博了解员工心声，和员工、同事拉近距离等。

微信——跨平台的生活方式

想要联系朋友，一定要通过短信或电话吗？假如这样，那你OUT（落伍）了！现在的时尚青年们早已通过微信呼朋引伴。比如腾讯推出的跨平台手机沟通软件，是当下最火爆的手机应用，更被《上海商报》评为“最值得拥有的App应用”。

腾讯微信面世后，曾经在短短的一年中就已经超过5000万用户，更得到广大用户不计其数的好评。28岁的白领王丽就是微信的忠实用户，她说："我每天都要使用微信，无论是生活还是工作中，都已经离不开这个方便快捷的沟通工具了。我可以用它跟朋友聊天、跟同事商量工作，还可以在群组中分享图片，更能用'摇一摇'这样好玩的功能找到新朋友。"

现在，微信"摇一摇"的日启动率已经在1亿次以上。腾讯微信是国内移动互联网行业内首屈一指的创新产品。目前为止，微信经历了3个重要的发展阶段（见表8－1）：

表8－1　　微信的3个重要发展阶段

发展阶段	说　明
第一阶段：平台化	微信通过打通QQ邮箱、手机通信录、微博等产品，帮助用户有效地整合和管理关系链，这看似普通的举动，实际上是在信息碎片化时代关于沟通内容与手段的有效整合，也满足了用户的深度沟通需求，同时也让微信转型成为了一款平台级产品
第二阶段：社交多维化	在现下"半熟社会"较突出的环境下，微信打造并管理了一个全新、多维的熟人与陌生人并存的社交关系圈。LBS（定位服务）、摇一摇、漂流瓶等社交手段的出现，让用户获得更多的沟通与交流方式。LBS带来全民社交的热潮，将熟人社交和陌生人社交"一网打尽"
第三阶段：创新生活方式	如今在用户心中，微信已不仅仅是一款聊天工具，而是代表着一种生活方式。无论是语音对讲，还是LBS交友，或者是微信3.5版本中引入了炙手可热的二维码身份识别功能，及动感表情、小游戏等，都为用户带来了轻松、便利的掌上社交生活体验

微信以用户体验为根本出发点，带来极简、无拘无束、与众不同的沟通方式，这正好满足了人们对自由生活状态的追求，随着沟

通和社交模式的群体化变革，微信自然引领了一种全新的生活方式。

2012 年 8 月 18 日微信公众平台上线，首次允许媒体、品牌商及名人进行账户认证，并给认证用户更多的手段向粉丝们推送信息。于是，众品牌纷纷抢滩登陆，微博上代理公司也正式挂起了“微信营销”这块招牌，一时间，微信成了品牌除官方微博外的另一大互联网营销热地。我们来看下面 3 个案例：

案例 1：中金在线，其微信号是“cnfol - com”。中金在线可以在线看得到财经新闻，查得到大盘指数。每天推送精选财经信息，提供各类投资服务。只需要通过微信发送个股名称或代码，1 秒即可查询股票行情，轻松便捷省流量，实用性强。

案例 2：美的生活电器，其微信号是“mideace”。美的生活电器的售前售中售后一应俱全，通过美的生活电器的自定义菜单，微信用户可自主选择了解美的的产品及最新上市情况（售前），如需购买，可选择进入商城购买（售中），还可通过微信查询售后服务，如查询服务网点、产品说明书、产品投诉、帮助及答疑等售后相关服务，大大拉近了与客户的距离，也缩减了客户与企业之间的沟通成本。

案例 3：维也纳酒店，其微信号是“wyn88v”。维也纳酒店微信订房系统功能齐全，微信订房系统与官网订房系统打通。通过维也纳酒店的微信平台，不仅可以直接进行酒店房间预订，客人还可以通过此微信平台进行积分、订单、酒店优惠信息的查询，预订完成后，手机会立即收到订房通知信息，让订房多了一个既移动又便捷的方式。

众所周知，由于微信公众平台是无法在手机上登录，也无法主动添加好友的，所以推广起来比较困难，只能通过其他不同的推广方式来增加微信的曝光度，但很多朋友都不知道该如何进行推广好。以下为种微信营销推广方法。

1. 合作互推

虽然这是微博上的玩法，但是效果还不错，也是最好最快的方法。微信互推的效果远比微博互推的效果好。先做到1000粉丝后开始找人合作互推，每次都会获得上百的粉丝。所以，做微信合作也很重要。

需要切记的是，这种方法可在微博上互推，但微信上需谨慎，一旦被举报，有可能被封号。因此同一个合作伙伴的互推次数需谨慎，搞不好容易陷入扯皮误区。

2. 微博大号推广

有很多草根微博大号靠这种方式做微信都非常快地获得了很多的粉丝。也可以利用自己的资源跟别人互换。但是对于没有资源的新手，只能找一些微博大号给钱进行推广了。因此你基本可以看到一些有组织有纪律的微博大号，都会和自己一派的微博进行互推，甚至有一些微博大号每天都进行推广。

3. 其他线上推广

这类型的推广就无须多介绍了，无非是在人人、豆瓣、贴吧、空间等进行推广。

这类的推广也是有需要注意技巧的地方，比如可以将二维码做成签名图片，这样子几乎你的每一次评论都是一次宣传推广，且不容易被删。

4. 基于 LBS（定位服务）的推广

这也是最简单的方法，就是个性签名。设置好诱导的个性签名，然后查看附近的人，你就可以被别人看到，如果你的签名吸引了别人，就有可能获得关注。据说，有人最开始用了不到一个小时的时间，就吸引关注 120 人左右。而所做的事就是设置个性签名，然后偶尔查看一下附近的人。

可是，附近的人毕竟有限，所以仅靠这种方法吸引关注只是前期有效，那么如何放大呢？很简单，就去不同的地点登陆微信小号，然后查看附近的人，然后你的地址信息就会保留一个小时左右。这一个小时如果机会好可以获得 30 人以上的关注。

5. 线下推广

这属于有资源的朋友可以考虑的一种推广方式。方法很多，可以贴广告，可以在自己拥有的资源里放广告位等进行宣传，当然还可以在街上或地铁口派发宣传。

6. 活动推广

活动推广可以分为线上和线下，线上活动推广还包括互联网和微信活动，方式众多。比如，在微博上发起活动，关注就有机会活动礼品。或者在微信里发起活动，介绍身边的朋友即可获得折扣礼品等。

线下活动推广，可以参考微博，比如，餐厅需要推广自己的微

信号，只要推出活动让每位客人关注微信即可享受折扣或送某种食物等。这种方式很灵活，每一种行业都可以有不一样的推广活动。

7. 微博图片推广

不管是个人微博小号还是官方号，都可以在微博配图的最底下加上二维码的宣传方式。

大数据——开启大智慧时代

随着云时代的来临，大数据也吸引了越来越多的关注。在 A 股市场中，大数据相关概念股在整体弱市之下，依然逆势走强。大数据究竟将给我们带来什么变化？

1. 何为大数据

如今，虽然大数据已经红透半边天了，但多数人对大数据仍一知半解。那么，究竟何为大数据？

我们先来说说云计算的定义。众所周知，云计算有 3 种类型：基础设施即服务（IaaS）、平台即服务（PaaS）和软件即服务（SaaS）。云计算可以让我们通过租用的形式获得想要的技术和服务，同时允许按水电费的付费方式来付费。

软件即服务，意味着用户可以租用正确的应用程序；基础设施即服务，是指用户可以租用正确的硬件和维修硬件的工具；平台即服务，意味着用户可以租用除了应用程序和基础设施的一切事物。而大数据（big data）中的巨量资料，指的是所涉及的资料量规模巨大到无法透过目前主流软件工具，在合理时间内达到撷取、管理、处理，并整理成帮助企业经营决策更积极目的的资讯。

业界的大数据定义可谓五花八门，众说纷纭。其实，所谓的“大数据”，是一种需要新处理模式才能具有更强的决策力、洞察发现力和流程优化能力的海量、高增长率和多样化的信息资产。简而言之，从各种各样类型的、漫无边际的数据中，快速地获得有价值信息的能力，就是大数据技术。

如今，移动互联网、电子商务、物联网以及社交媒体的快速发展已经使我们进入了大数据时代。例如，拓尔思联手华为技术有限公司推出的大数据一体机已经研发完成，现已推向市场。再例如，英特尔与Unisys（优利）合作，为X86打造了一个更为安全的系统平台，这一全新的服务器平台可支持Windows、Linux、Unix上的工作负载，用户可以在任意环境中部署具有高可用性的公共云。

2. 大数据的特点

大数据呈现出“4V+1C”的特点：Variety（多样），大数据种类繁多，在编码方式、数据格式、应用特征等多个方面存在差异性，多信息源并发，形成了大量的异构数据；Volume（海量），通过各种设备产生的海量数据，其数据规模非常庞大，远大于目前互联网上的信息流量，PB（计算机计量单位，1PB=1024TB）级别将是常态；Velocity（高速），涉及感知、传输、决策、控制开放式循环的大数据，对数据实时处理有着极高的要求，通过传统数据库查询方式得到的“当前结果”很可能已经没有价值；Vitality（持续），数据持

续到达，只有在特定时间和空间中才有意义；Complexity（复杂），通过数据库处理持久存储的数据不再适用于大数据处理，需要使用新方法来满足异构数据统一接入和实时数据处理的需求。

现在，Apache（软件基金会）的Hadoop（海杜普）已经成为大数据行业发展背后的技术推动力，同时，旨在从非结构化数据的庞大宝藏中获得知识和洞察力的计算机工具也正在迅速发展中。这些工具的发展依赖于不断进步的人工智能技术，如自然语言处理、模式识别和机器学习等。

可以预见，在不久的未来，将会涌现大量能够处理大型非结构化数据的工具和平台。除了Hadoop的批量化处理方式外，基于数据处理的方式也将在实时数据分析应用中发挥作用。此外，大数据热潮还将对可视化的理解和需求提出新的挑战。

由于大数据的技术门槛较高，目前在该领域展开竞争的大都是在数据存储、分析等领域有着传统优势的厂商。2012年1月，Oracle（甲骨文公司）正式发布Oracle大数据机。IBM在大数据领域的优势则在于全面，而机器人“沃森”在人机大战中获胜，更成为IBM为其大数据分析解决方案加分的例证。

3. 企业如何从大数据中赢利

大数据中蕴涵着大价值！从海量数据中筛选出有用的信息，然后通过各种手段将信息转化为洞察力，从而做出正确决策，推动业务发展。在这样一个信息链条中，企业需要确保每一个环节都不出错，才能将数据转化为价值。然而，又有多少企业真正能做到这一点呢？少之又少！大数据很火，但是如何才能让大数据真正为企业带来赢利呢？要想让大数据真正对企业赢利造成影响，需要解决以下 3 大根深蒂固的问题：

（1）消除“拍脑袋”做决策的方式。在商业世界里，“最高权力者”的意见对决策会造成极大影响，这种现象非常普遍。这是许多企业的通病，大数据可以对此进行纠正。然而要想真正做到这一点，则需要企业观念的转变，领导在做出决策时要摆脱“拍脑袋”的坏习惯，让真实的数据说话。仅仅收集更多数据，是无法推翻这种心态的，甚至会让观念的转变过程变得更加艰难。如果分析是错误的，或者更糟糕的情况——数据从一开始就没有收集正确，那么决策者肯定会对信息和提供信息的员工失去信任，从而再次回到“拍脑袋”的时代。

（2）挑战并不意味着人才技能的不足。就目前来说，能玩转大数据的人才远远无法满足企业的需求量。数据显示，目前在美国只有 19 万接受过严格训练的数据分析师，这一数量远远无法满足大数据时代的需求。报告还显示，57% 的参与者认为，他们自己在数据分析方面缺少合格的技能和经验。而对分析任务缺少信心只是挑战的一部分，从事数据相关工作的员工还需要以足够的精度来收集合适的度量方法。管理者不必非要招聘一群数据科学家级别的精英来直接向其汇报，而要在各个层面鼓励机构培养分析师，传授核心技能、最佳实践，如此才能增加透明度，鼓励对数据的需求，并帮助传播必不可少的技能。

（3）知道如何处理数据。在解决了上述两个问题之后，要弄清什么样的业务能够通过大数据获得收益。如果不能指导行动，即使收集再多的数据也是毫无意义的。事实上，获得洞察力是一方面，可实践性也是分析的标志之一。那么，企业能否从大量历史数据的“噪声”中获得可实践的预测和具有前瞻性的决策？比如，一家手机

制造商也许能够收集大量的消费者数据，可是只有将这些数据应用到实践当中，改善客户体验，才能具有理论上的价值。再如，一家连锁零售企业可以通过精准的邮件营销获得客户的信息，但如果销售部门没有合理利用这些信息，销售机会就会稍纵即逝。大数据想要获得大成功，必须将数据文化传播给企业的每一位员工。

大数据给人以希望，在理解数据的重要性的基础上，就要在规划的每个阶段以及企业的每个层级中充分利用数据。企业关注的重点应该是，首先让更多的员工更有规律地、更好地利用好那些可管理的数据；其次，让业务逐渐能够基于数据来采取行动，如此才能让大数据之梦成为现实。

平台——影响力赢取惊人财富

在社会化平台不断更新换代的当下，企业营销在迎来前所未有的变革的同时，也普遍面临着营销渠道过于分散、难以统筹管理的困境。对企业而言，为求达到最大化营销效果，既要尽力布局多个营销平台，又要在不同产品线创建多个账号，如此一来，企业不仅需花费大量人力物力运作和维护诸多社会化营销账号，且因过于分散而使得管理效率、效果难以保障。

显然，如何使用、管理和把控社交媒体，识别消费者真实的需求与关注点，从而轻松、高效地达成社会化关系营销，已成为企业当下最为紧要的营销课题，同时也成为第三方营销公司在社会化营销上所面临的新机遇。

在互联网行业，轻博客 Tumblr 代表了年轻、叛逆的精神。所以，当 2013 年 5 月 20 日互联网元老级公司雅虎斥资 11 亿美元收购 Tumblr 消息公开时，外界普遍担忧这家充满年轻人朝气的博客是否步入没落。

雅虎为何愿意承担如此风险收购 Tumblr？部分原因在于，与年轻公司的组合，能够让雅虎看上去再次新潮起来。而且，雅虎还希望追赶谷歌和 Facebook 这两家互联网公司的脚步。2006 年，谷歌将视频网站 YouTube 收入麾下；之后，Facebook 收购了图片分享服务商 Instagram。这两次收购都饱受批评，业界普遍认为花费巨资收购营收小得可怜的公司实在不值，但如今，这两起收购都成为成功之作。以 Instagram 为例，该应用月用户从 Facebook 收购之初的 3000 万，增长到如今的 1 亿以上。

最近，电商巨头亚马逊收购了在线图书推荐服务商 Goodreads。这类收购有个共同点：新兴、发展快速的年轻企业，被大型、传统巨头整合。新企业可以独立运行，而母公司可为其带流量以及提供其他形式帮助。

Tumblr 已是极具规模的平台，其拥有 1.1 亿篇博客，510 亿条状态，不过该公司在创收方面却乏术可陈。雅虎收购 Tumblr，是在押赌其可以为后者带来更多用户，并能凭借自家广告销售经验为 Tumblr 赚取收入。作为回报，雅虎可以获得每月 3 亿的年轻用户。由于众多用户使用 Tumblr 移动客户端，也可以加强雅虎在智能机领域的表现。

互联网业内人士表示，未来这种“平台 + 平台”的整合方式将

越发常见。原因如下：第一，传统网络巨头不差钱，而且花钱欲望强烈；第二，一些初创企业创始人更乐意出售公司，而非走上漫漫上市长路；第三，市场拥有众多规模很小但前景光明的新网络平台可以收购。

平台整合型 O2O 主要是针对大平台而言，因为平台的本质是整合，平台型企业是通过提供完整的产业链电子化整合服务来引入商家和消费者的，所以平台运营是围绕整合各种资源、各种服务来实现多方共赢的商业模式。

在现阶段线上整合中淘宝、京东、当当等都还做得不错，线下整合由于涉及面大，难度高，各大平台是又垂涎又不敢轻易涉足，这就给了很多后来者机会。

1. 平台型 O2O 线上整合

现阶段不同的平台商家整合也略有不同，线上商家有供应商和零售商产品信息、金融支付、保险等整合，这类整合目前各大平台完成较好。通过技术开发、购物体验的不断优化，支付便捷，购物货到付款及担保，甚至物流费用保险等，都已经基本满足商家与消费者在平台的交易和购买。

2. 平台型 O2O 线下整合

线下有零售店、物流、仓储、售后安装维修服务商等整合，难度是非常大的。各个行业品类不同，需要的线下整合也不同，但是任何一个综合平台要想做 O2O 都避免不了要在全国范围内进行这些整合，其需要的财力、物力和人力绝对是空前的。

以下是现有电商的两个案例。

案例1：京东模式。京东只是做了仓储和物流，在部分品类尝试性地涉及安装售后服务，没有涉及线下零售店整合，产品销售与线下竞争，售后服务与线上结合，即使是这样，京东要想完成仓储、物流、售后安装服务商整合所需的人力、物力、财力也不是现在的京东可以掌控的。各个品类安装售后服务需求不同，流程也不同，这种综合平台很难进行细化，而粗放的流程会带来服务质量的不可控，退换货增加继而影响京东声誉，这也是淘宝为什么不做物流和线下的主要原因。

案例2：苏宁易购模式。苏宁是直营了线上、线下两个平台，自建仓储物流渠道，但是这里又有区分：线上的平台是在往平台转型，而线下零售店还是处于代销模式，且品类和线上没有完全对应，仓储、物流、安装、售后服务都是围绕3C产品，其他品类加入后还没有很好地与整个模式相贯通，所以其他品类的仓储、物流及实体店零售、安装售后服务的整合也需要一个漫长的过程，且不易急躁。其实苏宁要想解决好线上、线下相结合，应该是对线下与线上商业模式先进行统一，因为线上和线下不在模式上统一，势必影响赢利渠道，从而影响利益分配；且自营本身就受仓储及物流能力限制，线上、线下发展需要同步，线上整合扩充较快而线下无法融合跟进，这也是为什么很多人说买几本书送好几回的根本原因。

3. 平台型O2O整合模式的优点分析

平台O2O整合模式具体的优点体现在以下几个方面（见表8－2）：

表 8-2　　平台 O2O 整合模式的优点

优点	分析
利益分配	可以最大限度地降低交易过程中的渠道成本和时间成本，通过明确分工，各个商家可以在整个交易过程中清晰定位自己的职责和赢利，实现共赢，对不合格产品及服务能够及时更换调整，避免少数产品及商家影响整个交易环节
赢利	平台利用自己海量的商品和聚集海量的客户的能力为商家和消费者带来效益，满足各种消费者的需求，通过多品类产品及服务满足大多数消费者的需求
技术服务	通过完善的技术降低商家实际运营难度，提高效率，通过平台商家共享使技术开发成本降到最低，效益最大
商业生态圈建设	规模是决定平台发展的前提条件，通过立体覆盖产品种类，商家数量，线下覆盖率，线上知名度，建立生态圈把消费者圈入其中，网罗天下

4. 平台型 O2O 整合模式的缺点

平台型 O2O 整合模式也存在以下几个缺点：

（1）**产品管控**。平台不是自主营销，产品由商家提供，所以在品质管控上只能从商家资质、产品检验等方面下手。线上、线下产品撤换有一定周期，产品一旦出现问题，无法做到立即同步。

（2）**服务管控**。平台不直接参与线下服务，对仓储、物流、安装售后服务等监管难度较大，对服务商要求较高，各地管理成本较高。

（3）**缺少实体支撑**。真正的平台型 O2O 都是靠整合各方资源而不是自建的，所以一旦商家和消费者流失，平台价值将大打折扣。自建体系运营成本较高，管理风险较大，投入大，见效慢。

（4）利益分配。平台属于规则制定者，如果制定的规则不符合商家需求，很容易造成运营风险，淘宝就是案例。因此，好的平台一定是服务型平台而不是管制型平台，用管制的方式去做商业的事情是平台大忌。

（5）客户体验差。不管是综合平台，还是垂直平台，在业务流程中都无法避开整体框架的束缚。由于有统一的规则和流程，因此无法做到精细化，这样就要在客户中寻找产品和商家，在交易过程中系统无法完善的必然要靠线下补充、增加环节。

社交网络——超赢利的看不见的人脉整合

所谓“关系”，也就是我们常说的“人脉”。对人脉的重视，在我国由来已久。战国时“孟母三迁，择邻而居”，就是最早的典型的选择人脉、重视人脉的故事。常言道“近朱者赤，近墨者黑”，在孟母看来，一个好的邻居和朋友，会左右人的视野，影响人的一生。世界华人成功学第一人陈安之就曾说过：“要使自己成为顶尖的人物，就要和顶尖人物成为好朋友，或者是做邻居。”

近年来，长江商学院，中欧国际工商学院，清华大学，北京大学，复旦大学的MBA、EMBA、总裁研修班如雨后春笋、遍地开花，无论学费多么昂贵，总裁们还是趋之若鹜地报名学习。当然，在课程里的确能够学习到一些经典的商业案例。但是，总裁们真正看重

的其实是里面的“人脉”。他们并不在乎老师是谁，反而更为注重同学有谁，他们渴望并营造的是一种氛围，一种充分交流和交际的空间。通俗点说，就是“圈子”。

研究表明，当前中国社会白领人群的社交呈现一个显著特征：相当一部分人群在忙碌的工作之余，大多封闭在家里上网、看电视或者睡觉，对于交际应酬能推就推。每天繁忙的工作任务和复杂的人际关系已经形成心理疲劳，对于发自内心的交往需求大都投射到网络中。

日常生活中，每个人都会结识许多人，有些是好朋友，有些是同事，有些是工作中的人际资源。每个部分的人都需要保持联系，但不同部分的人需要不同的联系方式或者沟通程度。比如，非常要好的朋友，你可以一天到晚给他打电话；父母，则可以隔一两个礼拜、逢年过节打个电话；大学同学，则是在 MSN、QQ 上碰到了就偶尔聊几句；工作中的关系人士，没事打电话不知道说什么好，但又不能完全不联系，等等。

虽然存在电话、QQ、MSN、邮件等各种通信工具，但这些都是单一形式的存在。社交网站可以整合各种功能的沟通形式，提供用户以博客、群组、照片、视频、音乐等互动服务，让人们相互间的交流内容更加丰富，形式更加多样。这些也让不同人群的不同沟通需求得到了恰到好处的满足。

值得注意的是，如今火暴起来的社交网站存在一个共同的特点，即强调实名注册。在曾经的 QQ 时代，人们常说：你不知道正在和你聊天的到底是一个人，还是一条狗。如今，人人网、若邻网、Facebook 的用户基本都是实名注册，由此便形成了一张真实的人脉网络，其价值也随之显现。

定位于商务领域的社交网站就是一类。许多公司的人力资源经理和猎头经常活跃在这些地方，利用真实的人脉网络，打听高素质的人才，甚至是挖竞争对手的墙脚。同样，对于那些想要另谋高就的白领来说，也会通过此地的人脉网络寻找合适的去处。研究表明，人才通过人脉介绍获得职位信息的占36%～40%，由此可见，“人脉”的价值何其多。

其实，挖掘社交网站的“人脉”价值不仅在招聘。在国外各种形式的竞选活动中，很多政客都在“人脉”巨大的社交网站MySpace和Facebook上张贴出自己的个人简历。相比站在广场上的演说，社交网站通过网状式的人际网络，把个人信息以低廉的成本传递给了民众。

不过，人脉价值也有被消极利用的时候。Facebook创始人之一扎克博格曾介绍，美国有的学生没有到可以饮酒的年龄，但当他们在网站上写出自己的喝酒经历之后，就遭到了学校的惩罚。有一位美国大学生被学校开除，原因是他所在的基督教学校在网页上发现他是一个同性恋者。

现在，这种“圈子”概念，又被巧妙地运用到了房地产营销上。金科地产集团推出的“企业家公园——金科·太阳海岸高端别墅”就是典型一例。

> 众所周知，凡能买别墅者，基本上都是事业有成的有钱人，这些人智商极高，见多识广，身旁参谋如云。如果仅凭几张宣传画、几张海报、几个广告、几个噱头，肯定是不能让他们掏钱的。毫不夸张地说，买得起别墅的人，一般都比卖别墅的人聪明很多倍。所以，做别墅营销，来不得半点虚假。

可是，“金科·太阳海岸高端别墅”并没有如常规别墅楼盘一般，打出什么生态牌，而是将自己的落脚点放在了“企业家公园”。从区域来看，太阳海岸位于“两江新区”。两江新区是重庆的重要战略部署，有可能成为重庆的“总部经济区”，全球五百强企业和国内外知名企业将大规模入驻，这里必然会出现一个巨大的企业家圈层。为此，金科便将太阳海岸量身打造成了“企业家的公园”，让来自全球各地的社会精英，在自家花园里就可以做全球生意。

企业家公园的主要客户群就是全球各大企业总裁、公司高层，所提供的生活偏重商务与享受相结合，从某个角度而言，家即会所，会所即家。试想一下，假如在太阳海岸里，业主有王石、马云、柳传志、李开复、唐骏、潘石毅、马化腾、杨元庆、尹明善等，如果你跟这些人是邻居，以后你的生意想不好都难！

“物以类聚，人以群分”，现在，越来越多的人开始意识到居住“圈子”的重要性。一位准业主表示，他之所以要选择太阳海岸，最看中的就是这里的巨头集聚效应，一个不可复制、不可再生的融资与人脉资源整合平台。

作为一名企业家，你想要更成功，必须有广泛的人脉。而人脉起作用的，永远是二八法则中的那20%的高端人脉。高端人脉的积累，其实很难，因为你没多少机会去接触他们。而现在，这些高端人脉就在你的身旁，你的邻居们都是行业内的领袖，也许在串门时候或者一次球场聚会上，你就可以谈成一笔可观的生意。

移动互联——移动通信和互联网整合浪潮

移动互联网，就是将移动通信和互联网二者结合起来，成为一体。截至 2014 年 1 月，我国移动互联网用户总数达 8.38 亿，在移动电话用户中的渗透率达 67.8%；手机网民规模达 5 亿，占总网民数的 80% 以上，手机保持第一大上网终端地位。我国移动互联网发展进入全民时代。

移动互联网是一种通过智能移动终端，采用移动无线通信方式获取业务和服务的新兴业务，包含终端、软件和应用 3 个层面。终端层包括智能手机、平板电脑、电子书、MID 等；软件包括操作系统、中间件、数据库和安全软件等；应用层包括休闲娱乐类、工具媒体类、商务财经类等不同应用与服务。

1. 开放平台蔚然成风

2011 年，苹果创造的“终端 + 内容”的服务模式在全球引发仿效，中国也有越来越多的企业通过运营内容平台，聚集开发者，汇聚更多应用，在移动互联网格局未定的时代跑马圈地，扩大版图。开放平台 2011 年在中国互联网业界蔚然成风。

早在 2009 年，人人网就发布了移动开放平台，吸引开发者为其 400 万手机用户开发各种应用，丰富了用户体验；2011 年 9 月，百度发布移动云平台百度易，并在随后与戴尔合作推出手机产品；腾

讯在2011年7月发布开放平台Q+，在个人电脑的基础上，希望拓展到个人移动终端领域。

360公司是开放平台的大力倡导者。在360公司董事长周鸿祎看来，开放平台是2011年中国互联网领域最大的进步，“开放是大势所趋，是企业竞争的武器。不要给开放加上一个道德意义。谁不开放谁在竞争中就会很难过，谁再继续做帝国之梦他就会在竞争中失败”。2011年，360先后推出了团购开放平台、360极速浏览器应用扩展开放平台、360游戏浏览器、360安全桌面等一系列平台产品。

平台运营商通过“跑马圈地”掌握了产业链上下游的资源，夺取了更多的平台收益。2011年，受团购烧钱打广告、电商大战等因素的影响，网络营销成本大幅上涨。2011年第三季度，360公司在线广告业务为3510万美元，同比增长227%，环比增长31%；人人网在线广告业务收入为1960万美元，同比增长91.8%；百度网络营收为41.74亿元，同比增长85.1%。

2. 十大业务模式

随着移动互联网以前所未有的加速度发展，移动通信领域的主战场将转移到新业务、新产品的竞争上来，从而出现了十大业务模式：

（1）移动社交，将成为客户数字化生存的平台。在移动网络虚拟世界里面，服务社区化将成为焦点。社区可以延伸出不同的用户体验，提高用户对企业的黏性。带宽的增加将促使移动互联网的服务创新，用户的许多需求将在手机上得到满足；而手机具有随时随地沟通的特点，从而使SNS（社交网站）在移动领域发展具有一定的先天优势。

（2）移动广告，将是移动互联网的主要赢利来源。手机逐渐发展成为继电视、广播、报刊、互联网后的一种崭新媒体，即“第五媒体”。手机广告是一项具有前瞻性的业务形态，可能成为下一代移动互联网繁荣发展的动力因素。其主要的核心就在于手机作为大众化、个性化的媒体，承载着信息交换的使命，是信息传递的最后一公里。

（3）手机游戏，将成为娱乐化先锋。随着产业技术的进步，移动设备终端上会发生一些革命性的质变，带来用户体验的跳跃：加强游戏触觉反馈技术。在信息社会之后将是娱乐社会，所以，手机游戏作为移动互联网的杀手级赢利模式必然会掀起移动互联网商业模式的全新变革。

（4）手机电视，将成为时尚人士新宠。手机电视用户主要集中在积极尝试新事物、个性化需求较高的年轻群体，这一群体在未来将逐渐扩大。随着手机电视业务的进一步规模化，广告主也将积极参与其中。在手机电视领域，有好的视频内容，用户是愿意付费的，带宽的增加将增强用户体验，手机电视的视频点播、观众参与、随时随地收看的优势将逐渐凸显。

（5）移动电子阅读，填补了人们的狭缝时间。随着网络的快速发展和生活节奏的加快，利用上下班坐车的零碎时间的习惯已经使我们的阅读习惯潜移默化地改变着，移动电子阅读成为现代人的一种生活方式。由于手机功能扩展、屏幕更大更清晰、容量提升、用户身份易于确认、付款方便等诸多优势，移动电子阅读正在成为一种流行迅速传播开来。

（6）移动定位服务，提供了个性化信息。随着随身电子产品的日益普及，人们的移动性在日益增强，对位置信息的需求也日益高

涨，市场对移动定位服务需求快速增加。随着移动定位市场认知、内容开发、终端支持、产业合作、隐私保护等方面的加强，移动定位业务存在着巨大的商机，只要把握住市场的方向，将获得很高的回报。

（7）手机搜索，将成为移动互联网发展的助推器。知识爆炸的时代，人们对信息需求更大。移动互联网的内容逐渐丰富，手机搜索将客户引导到一个广阔的天地。手机搜索引擎整合搜索概念、智能搜索、语义互联网等概念，综合了多种搜索方法，可以提供范围更宽广的垂直和水平搜索体验，更加注重提升用户的使用体验。手机搜索市场成熟的标志是：两三次点击内实现搜索；提供语义识别搜索服务；搜索"用户创造内容"；可对用户提交的信息源进行搜索；可定制自己的搜索引擎和确定的互联网内容。

（8）手机内容共享，将成为客户的黏合剂。手机图片、音频、视频共享被认为是3G、4G手机业务的重要应用。手机内容共享服务注重用户的个性化和隐私保护，通过开发手机上智能书签，满足用户通过获取内容实现价值，以用户为核心，提高用户的ARPU（每用户平均收入）值并带动移动互联网业务的发展，获得巨大的用户黏性。

（9）移动支付，蕴藏巨大商机。支付手段的电子化和移动化是不可避免的必然趋势，移动支付业务发展预示着移动行业与金融行业融合的深入。支付工具的创新将带来新的商业模式和渠道创新，移动支付业务具有垄断竞争性质，先入者能够获得明显的先发优势、筑起较高的竞争壁垒，从而确保自身的长期获益。

（10）多种支付方式，让用户使用方便。移动电子商务，处在信息、个性化与商务的交汇点，是传统商务信息化的结果，承载于信息服务又为信息服务提供商务动力。而移动支付平台不仅支持各种银行卡通过网上进行支付，而且还支持手机、电话等多种终端操作，符合网上消费者的个性化、多样化需求。

上述移动互联网新业务的深度挖掘与新产品的推出，将是运营商未来市场竞争的核心武器。通过新业务、新产品来打造行业生态系统，将成为运营商未来的增长动力和竞争博弈资本。